Barbara Lemke

Lebensglück und innere Klarheit

Barbara Lemke

Lebensglück und innere Klarheit

Wie Psychologie
und Spiritualität
zusammenwirken

Kösel

Willigis Jäger in Dankbarkeit gewidmet,
der mir im rechten Augenblick
die richtige Frage stellte.

ISBN 3-466-36665-8

Druck und Bindung: Kösel, Krugzell
Umschlag: Elisabeth Petersen, München
Umschlagmotiv: Corbis, Düsseldorf

Gedruckt auf umweltfreundlich hergestelltem Werkdruckpapier,
(säurefrei und chlorfrei gebleicht)

Inhalt

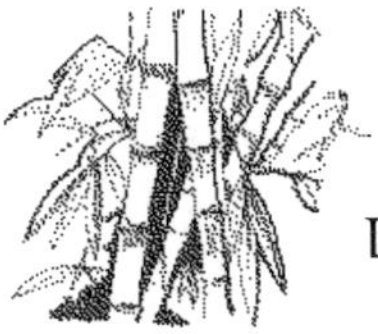

Der Therapeut der Zukunft – ein Mystiker?

Diese Frage von Norbert Mayer (»Transpersonale Psychologie und Psychotherapie«, 1/2004) mag noch eine Vision sein. Aber Psychotherapie und Mystik nähern sich einander. Mehr und mehr Therapeuten suchen selbst Erfahrungen im transpersonalen Bewusstseinsraum. Die transpersonale Psychologie versucht diesen transpersonalen Bewusstseinsraum zu erschließen und zu deuten. Psychosomatische Kliniken leiten ihre Patienten zur Tiefenmeditation an. Die Psychologie steht der Mystik heute näher als die Theologie. Der Aufbruch der Mystik geschieht außerhalb der Kirchen. Die Erkenntnis eines C. G. Jung, dass kein Patient wirklich geheilt ist, wenn er seinen Bezug zur Transzendenz nicht wieder gewinnt, bewahrheitet sich in dieser Hinsicht. Für C. G. Jung war dieser Erfahrungsbereich im Gegensatz zu Freud eine Selbstverständlichkeit. Umso mehr freut es mich, wenn Psychotherapeuten, die lange den Weg des Zen oder der Kontemplation mit mir gegangen sind, ihre Erfahrungen auf diesem Gebiet in ihre Arbeit einbauen. Das Buch von Barbara Lemke zeigt die Früchte.

Willigis Jäger

Vorwort

Die Beispiele in diesem Buch stammen aus meiner psychologischen Praxis und möchten Ihnen, liebe Leserin und lieber Leser, zeigen, wie individuelle Erfahrungen zu einem spirituell, religiösen Weg führen und ihn vertiefen können.

»Wir brauchen zuerst Erfahrung und erst in zweiter Linie Texte, Tempel und Kirchen. Gott wird nicht auf diesem oder jenem Berg angebetet, sagt Jesus, sondern im Geist und in der Wahrheit. Gott will erkannt, nicht verehrt werden.« (Willigis Jäger, »In jedem Jetzt ist Ewigkeit«, Kösel 2003)

Die Erlebnisse in dem Kapitel »Angerufen sein« sind mir von meinen Klientinnen und Klienten mitgeteilt worden, einige Erlebnisse hatte ich selbst. Für die Methode des therapeutischen Zeichnens habe ich wesentliche Anregungen von Maria Hippius Gräfin Dürckheim bekommen. Der östliche Weg, das Zeichnen mit dem Pinsel »Sumi.e«, das auch Karlfried Graf Dürckheim praktiziert hat, war mir ein Vorbild für das *Atemgeführte Zeichnen* aus der Mitte mit Zeichenkohle.

Wie die Auseinandersetzung mit der eigenen Psyche zu einem seelischen Reifeprozess wird, zeigt das Beispiel des Studenten Christian. Er kommt in meine Praxis mit Beziehungsproblemen, die ihn belasten, und mit der Sehnsucht, seine geistige Mitte zu finden.

In diesem Buch kann der Leser, die Leserin teilhaben an der Klärung problematischer Erfahrungen, die ihren Ursprung zwar in der Kindheit haben, jedoch in das erwachsene Beziehungsleben hineinwirken. Es werden Entwicklungsschritte nachvollziehbar, die der Klient Christian und die Klientin Karla mit psychologischer und spiritueller Begleitung durchleben. Die Übungen dazu machen deutlich, was die Eigenleistung der Klienten auf dem Weg der Klärung bedeuten kann. Der Unterschied zwischen den beiden ist jedoch, dass Christian seinen inneren Weg mit mir beginnt, Karla jedoch schon seit vielen Jahren eigenständig auf ihrem Weg ist. Sie holt sich immer dann Unterstützung von außen, wenn Themen aus der Tiefe ihrer Seele auftauchen, für deren Integration sie mit einem erfahrenen Gegenüber sprechen möchte. Karla hat die Arbeit, mit der Christian gerade beginnt, schon geleistet und diese Erfahrung macht einen Teil ihrer seelischen Reife aus. Selbstverständlich wird auch sie immer wieder von aufwühlenden Gefühlen berührt, wie sie Christian thematisiert.

Bei ihr, das kann man an den Träumen sehen, die wir miteinander besprechen, führen die Themen in eine andere Tiefe. Christian bringt anfänglich noch gar keine Träume ein. Er hat zu dieser Ebene seines Bewusstseins noch keinen Zugang gefunden. Das ist durchaus in Ordnung. Jedoch ist er schon »seinsfühlig«, ahnungsvoll gegenüber einer anderen, einer transzendenten Dimension. So kann die Begleitung bei ihm schon von Anfang an in einem spirituellen Rahmen stattfinden.

Welche Themen zu welcher Zeit auf dem inneren Weg bewusst werden, ist individuell verschieden, weshalb auch keine Gesetzmäßigkeit aus der Abfolge der hier vorgestellten Fallbeispiele abgeleitet werden kann, genauso wenig wie sie Anspruch auf eine allgemein gültige Vollständigkeit erheben können.

Tatsächlich ist es so, dass wir nicht wissen können, woran unsere Seele heute gerade »Anstoß« nehmen wird und wie stark uns dies beschäftigt.

Christian und Karla bleiben eingebunden in ihren persönlichen Alltag, dem wir uns hier nicht weiter widmen. Gleichzeitig sind ihre ständigen Alltagsbegegnungen die beste Möglichkeit zur Überprüfung, ob sie Fortschritte auf dem Weg der Klärung und der Reifung machen.

»Ein Weg, der nicht in den Alltag führt, ist ein Irrweg«, sagt Willigis Jäger. Dies gilt sowohl für die psychologische als auch für die spirituelle Arbeit.

Sie, die Leserin und der Leser, werden entdecken, dass Sie sich von dem einen Thema mehr angesprochen fühlen als von einem anderen. Sie sind eingeladen, sich darin ernst zu nehmen und die eine oder andere Übung selbst auch durchzuführen. Dadurch werden Sie nicht nur Christian und Karla noch besser verstehen. Sie können auf diese Weise die Darstellungen aus diesem Buch in sich selbst lebendig werden lassen. Immer wieder zeigt es sich, dass in einem seelischen Problem, in einer scheinbar dunklen Geschichte, etwas ganz Wertvolles verborgen ist und erlöst werden will. Es ist wie im Märchen: Die kostbarsten Schätze werden von einer hässlichen, abweisenden Kröte bewacht. Sie prüft sozusagen die Kandidaten, wie schnell sie sich von Widerständen, von unangenehmen Gefühlen, von Schmerzen, von Peinlichkeiten etc. abweisen lassen oder ob der innere Weg trotz Hindernissen mit entschiedener Ernsthaftigkeit gegangen wird.

Ein Anliegen dieses Buches ist es darzustellen, wie sich Authentizität, Lebendigkeit und Heilung durch bewusste Hinwendung besonders zu kritischen Lebenserfahrungen entwickeln. Alle Darstellungen zeigen, wie das personale Ich immer wieder loslassen und sich öffnen kann für eine heile, spirituelle Dimension, sobald es in seinen Bedürfnissen erkannt und befriedet ist.

Ein weiteres Anliegen ist es mir, Sie einzuladen Ihren ureigenen Weg zu erkennen, zu würdigen und ihn zu gehen.

Danksagung

Es fing alles damit an, dass Willigis Jäger, der auch mein Zen-Meister ist, einen Aufruf startete: *»In der letzten Zeit erhielt ich eine ganze Reihe guter Gedichte aus euren Reihen, die unseren spirituellen Weg und unsere Erfahrungen auf diesem Weg beschreiben. Sollte jemand noch Gedichte oder Texte geschrieben haben oder schreiben, schickt sie bitte.«*

Wie wunderbar, dachte ich, alles einmal zu formulieren. Und es fing gleich in mir zu fließen an. Ich brauchte nur aufzuschreiben und gezeichnet wollte es auch noch werden. Dann entstanden bald mehr als 30 Verse und zusammen mit den Zeichnungen wurde das eine ganz eigene Sache. Ich wurde gefragt, wie der Weg ist, um so durchlässig zu werden, dass man seine Mitte findet und die Welt und die Mitmenschen aus so einer Perspektive wahrnehmen kann? Der Lektor, Winfried Nonhoff, sagte: »Ihre Kurzgedichte erfreuen das Herz«, aber die Lyrik müsste in einen Übungszusammenhang gestellt werden, damit daraus ein Buch für das Programm des Kösel-Verlags werden kann. Da meine Verse tatsächlich aus der Praxis heraus entstanden sind, fiel es mir nicht schwer, Beispiele für Selbstklärungen aufzuschreiben, die aufgrund der Erfahrung einer neuen Lebensqualität das eine oder andere Gedicht hervorbrachten.

Darüber hinaus können sich Menschen, die mich häufig fragen, was denn eigentlich so in einer psychologisch-spirituellen Praxis passiert, einen Eindruck von der inneren Arbeit verschaffen.

Hier danke ich nun den vielen Klientinnen und Klienten für ihre Offenheit und für die gemeinsame Bemühung um den

Weg. Ich danke dafür, dass ich einige Beispiele aus unserer Arbeit exemplarisch darstellen darf.

Mein Dank für die Verwirklichung dieses Projektes gilt ganz besonders meinem Mann Jürgen, der mir unbeirrt den Rücken gestärkt hat. Mein Dank geht an die Freundin Innana, vor deren kritischem Auge und Verstand ich großen Respekt habe und die mich herzlich ermutigt hat. Dank geht an meinen Bruder Eckart für seine wertvollen Hinweise als ganz Außenstehender. Dank geht an Marianne, die viele Entwürfe gelesen hat und mir wertvolle Rückmeldungen gab. Meinem Schwager Ralf, den Patensöhnen Benjamin und Jan möchte ich danken, die, wann immer ich sie brauchte, mir unverzüglich technischen Beistand am Computer leisteten.

Meine aktuelle Erfahrung mit dem Schreiben ist, dass manches, was ich nun aufgeschrieben habe, wieder klärend auf mich und meine Arbeit mit Menschen zurückwirkt. Dafür bin ich dankbar. Auch stärken mich selbst in der inneren Sammlung einzelne eigene Lyriktexte. Ich erfahre sie als ein Geschenk der Mitte. So hoffe ich, dass die Leserin und der Leser sich angesprochen fühlen, spirituelle und psychologische Inspiration bekommen, mit der einen und anderen Übung Einsichten gewinnen, um sich selbst und andere tiefer zu verstehen und um den eigenen Weg zur Mitte vertrauensvoll und mutig praktizieren zu können.

Kontemplation und Selbsterfahrung

In meine Praxis kommen Menschen, die sowohl einen spirituellen Weg praktizieren, meist den Zen- oder Kontemplationsweg, den Yoga-Weg oder den Sufi-Weg, und die auf ihrem Weg erfahren haben, wie sich psychische Themen so sehr in den Vordergrund drängen können, dass es nötig ist, sie psychologisch zu bearbeiten. Es kommen auch Menschen, die einen spirituellen Weg suchen, weil sie eine religiöse Erfahrung gemacht haben und dieser folgen möchten, jedoch noch nicht wissen wie.

Sie wissen, dass ich langjährige Erfahrung darin habe, Menschen in ihrem seelischen Reifeprozess zu begleiten, und dass ich ebenfalls langjährige Meditationserfahrung auf dem Zen-Weg und dem Weg der östlichen Kampfkunst des japanischen Bogenschießens, Kyudo, habe.

Auch während einer psychologischen Klärung geschieht es, dass Klienten eine Erfahrung machen, in der sie eine spirituelle Dimension berühren und die nun einen zur Transzendenz führenden Weg suchen. Sei es, dass sie Erfahrungen aus der Kindheit erinnern, dass sie Erfahrungen mit Drogen gemacht haben, die ihr Weltbild erschüttern oder es sind seelische Berührungen, die gerade gestern geschehen sind und die sie in besonderer Weise ansprechen.

Es ist, als ob wir plötzlich mitten im alltäglichen Tun vom Wehen des Windes oder vom Rauschen der Blätter oder vom

Schwatzen der Straßenspatzen unverhofft in unserem tieferen Sein angerührt werden. Wir horchen auf. Für einen Augenblick sind es nicht mehr die gewohnten Alltagsgeräusche und Alltagsempfindungen, sondern – da geschieht plötzlich eine Öffnung in die grenzenlose Weite der Seele.

Soeben lag
Ein trauernder Schatten
Auf meiner Seele
Da weht mir
Unverhofft
Linderung zu
Von dem flüsternden Wind
In den Blättern
Des Baumes dort
Ach
welche sanfte Tröstung

Es gibt wunderbare spirituelle Bücher, die eindrücklich vor Augen führen, um was es uns gehen sollte auf dem inneren Weg. Mit unserem Intellekt verstehen wir ihre Inhalte und sie tragen uns mitunter weit über die Ebene hinaus, die für uns schon Wirklichkeit geworden ist.

Wenn wir jedoch ganz persönlich mit unserem Weg beginnen, so erleben wir uns »klein, klein«. Der echte Weg fängt immer dort an, wo wir tatsächlich mit uns *jetzt* stehen und nicht dort, wo wir glauben schon sein zu müssen, aufgrund zum Beispiel unseres angelesenen oder intuitiven Wissens. Diese Einsichten halten uns am Boden unserer subjektiven Wirklichkeit, die erst einmal für uns selbst die allerwichtigste ist.

Die Begleitung des Studenten, ich habe ihn Christian genannt, die ich im Folgenden an einigen Beispielen dokumentieren werde, liegt schon einige Zeit zurück. Inzwischen ist er schon über viele Jahre mit meditativen Übungen und der psychologischen Klärung seiner Beziehungsthemen auf seinem Weg und wird dabei begleitet.

Ich werde berichten, welche hinführenden Übungen ich ihm angeboten habe, von welchen Erfahrungen er mir berichtet hat und wie wir uns den psychischen Blockaden genähert haben, die ihm auf seinem Weg begegnet sind. Meine Arbeit mit Klienten verstehe ich einerseits als psychologische Erwachsenenbildung, andererseits als Unterstützung, die seelische Struktur schrittweise zu klären, um auch auf dem spirituellen Weg Fortschritte machen zu können. Ich habe solche Themen aufgenommen, von denen ich annehme, dass sie von allgemein gültigem Charakter sind, und sie durch eigene Erfahrungen und die der Klientin Karla ergänzen.

Wie sich die psychologische Arbeit zum spirituellen Weg verhält, möchte ich an der chassidischen Geschichte *Geh aus deinem Land* zeigen, wie sie Martin Buber aufgeschrieben hat:

Rabbi Sussja lehrte: »Gott sprach zu Abraham: Geh du aus deinem Land, aus deinem Geburtsort, aus dem Haus deines Vaters in das Land, das ich dir zeigen werde. Das bedeutet: Gott spricht zum Menschen: Zuvorderst geh aus deinem Land – aus der Trübung, die du selber dir angetan hast. Sodann aus deinem Geburtsort – aus der Trübung, die deine Mutter dir angetan hat. Danach aus deinem Vaterhaus – aus der Trübung, die dein Vater dir angetan hat. Nun erst vermagst du in das Land zu gehen, das ich dir zeigen werde.« (»Die Erzählungen der Chassidim«)

Angerufen sein

Seinsfühlung für den spirituellen Weg

Unter einem »spirituellen Weg« verstehe ich eine auf religiöse Erfahrung hin orientierte Lebensgestaltung, die jedoch nicht an eine etablierte Religion gebunden sein muss. Der Weg führt in den Bereich der Mystik, die sich auf die Erfahrbarkeit der numinosen, der heiligen Lebensqualität im Diesseits, im Alltäglichen ausrichtet.

»Spiritualität« meint die geistige/geistliche Dimension des Menschen. Der Begriff »Spiritus« kommt aus dem Lateinischen und bedeutet »Atem, Lebenshauch, Seele, Geist«.

Wer einen spirituellen Weg gehen will, hat häufig eine religiöse Sehnsucht oder er wird von einer Ahnung gedrängt, zu erfahren, was es ist, das hinter den vordergründigen Dingen die Welt und das persönliche Sein – im tiefsten Wesen, in ihrem Geheimnis – ausmacht. Manche Menschen nennen es einfach auch »Gottsuche«, wobei sie intuitiv ahnen, dass eine »Gotteserfahrung« – eine Ganzheitserfahrung – bereits in diesem »diesseitigen« Leben möglich ist.

Es kann sein, dass wir für die spirituelle, geistliche Dimension von Kindesbeinen an offen geblieben sind. Es kann auch sein, dass wir sie mit unserem kindlichen Bewusstsein schon einmal erfahren haben, sie dann jedoch wieder vergaßen. Es kann aber auch sein, dass wir mit Spiritualität überhaupt nichts im Sinn hatten und sie uns auf einmal unverhofft berührt. Häufig geschieht dies im Zusammenhang mit Lebenskrisen. Dann kann es geschehen, dass wir in dieser Dimension etwas erkennen, das zutiefst unserem seelischen Bedürfnis und unserer Suche nach Lebenssinn entspricht.

Aber die Erfahrung einer transzendenten Dimension, die wir schon in der frühen Kindheit gemacht haben, schreiben wir oft einfach nur unserem kindlichen Bewusstsein zu. Oder uns fehlen die Kategorien, die Gespräche mit Wissenden und die Erfahrungen anderer, um voll und ganz zu würdigen, was uns da widerfahren ist. Dazu das Beispiel einer Frau, die den Krieg als Kind erlebt hatte:

»Wir wurden im Winter 1944 von Ostbrandenburg nach Berlin evakuiert. Wir, das waren unsere Mutter – eine 30-jährige Frau mit vier kleinen Kindern, der Jüngste eineinhalb Jahre alt – und die Oma aus Ostpreußen.

Wir wurden in eine Wohnung einquartiert, in der ich noch die Familienseele der Menschen spürte, die diese Räume unfreiwillig verlassen hatten. Die Wohnung war fast völlig leer. Ich hatte das Gefühl, als 4-Jährige, in diesen Räumen ganz vorsichtig und behutsam sein zu müssen, weil da noch irgendwie die anderen Menschen wohnten. Mich entzückten die Gardinenknoten aus Porzellan, weil ich in ihnen Püppchen sah. Die Evakuierung war insofern Unfug, als wir mitten in die Bombardierung der Stadt hineinkamen. Die Bedrohung um uns herum verursachte, dass sich die Erwachsenen um uns Kinder außerordentlich liebevoll kümmerten und sich wahrscheinlich ständig bemühten, die eigene Angst zu beherrschen. Die Erwachsenen wurden für mich in dieser ihrer Haltung zu ehrwürdigen, heiligen Lieblichkeiten. Ich selbst empfand keine Angst. Im Gegenteil. Ich nahm eine lichte Schutzglocke, wie eine Art Käseglocke, über uns wahr. Sie vermittelte mir ein unerschütterliches Sicherheitsgefühl. Ich weiß heute, dass man diese kindliche Wahrnehmung rein psychologisch als »Urvertrauen« deuten kann. Aufgrund späterer Wahrnehmungen,

Trockenes Gras im Schnee
Zittert im Wind
Du und Ich
Sehen es
Zur gleichen Zeit
Am gleichen Ort

Zwei
Du und Ich
Sind
Eins
Mit dem Dritten

(Für meinen Mann)

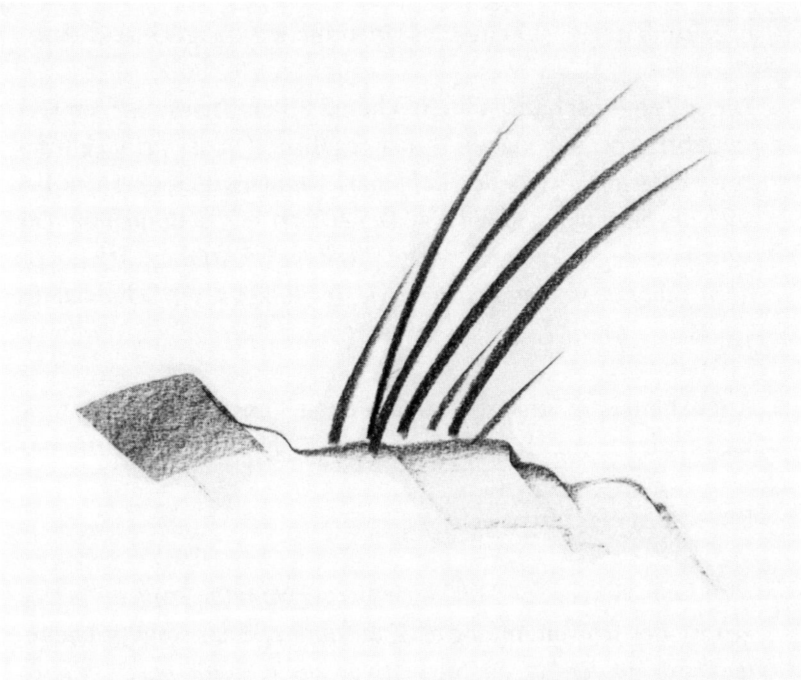

Wind im Gras

die dieser Qualität ähnelten, interpretiere ich diese Erfahrung aus meiner Kindheit jedoch auch als Aspekt der spirituellen Dimension des Urvertrauens.

Auch durch die Begegnung mit gereiften Menschen können uns Qualitäten anrühren, die uns zutiefst ansprechen und auf einen spirituellen Weg hinweisen. »Ein Mensch, der seine Mitte gefunden hat, ist Zeuge des Unendlichen«, sagt Dürckheim.

Diese Zeugenschaft ist auch Thema einer Chassidischen Geschichte, von der Martin Buber erzählt: *»Die Gemeindeglieder eines eher unbedeutenden Rabbiners wundern sich über den Besuch des berühmten Rabbi Löb. Der erklärt seinen Besuch so: ›Die Schrift auslegen kann ich selber, das habe ich studiert. Ich bin jedoch gekommen um zu sehen, wie der Rabbi seine Schuhbändel schnürt.‹« (»Die Erzählungen der Chassidim«)*

Auch heute, in unserem alltäglichen Leben, spüren wir es, wenn wir einem Menschen begegnen, der in seiner Mitte ist.

Ein Klient erzählt:

»Ich habe zum ersten Mal einen vierzig Minuten langen Vortrag gehört, den ich von Anfang bis Ende aufmerksam verfolgen konnte. Es lag an der Person. Sie war von einer wunderbaren inneren Ruhe. Obwohl sie redete, stellte sie doch irgendwie mit jedem von uns im Raum Kontakt her. Was sie sagte stimmte mit ihr überein. Sie war authentisch. Bei den früheren Referenten hatte ich meistens Mühe, länger als nur einige Minuten zuzuhören, und hinterher wusste ich kaum noch, worüber gesprochen wurde. Ganz anders hier. Es entstanden immer wieder kleine Pausen, in denen die Stille im Raum etwas ganz Neues, Angenehmes war. Sie schien überhaupt nicht darauf aus zu sein, besondere Anerkennung zu bekommen. Aber vor allem die Ruhe war es, die sie aus-

strahlte. Das war es, wonach ich selbst suchte. Ich wusste, dass sie den Zen-Weg geht. Ich musste sie danach fragen, was man tun muss um diese innere Ruhe zu erreichen, die ich mir so sehnlichst wünsche.«

Menschen im vereinheitlichten Bewusstseinsstand erscheinen uns sowohl in sich selbst ruhend, als auch mit offenen Sinnen. Sie wirken still und gleichzeitig sehr aufmerksam. In dieser seelischen Verfassung werden wir auch zu Schauenden. Im Schauen werden wir für einen wachen »Augen-Blick« das Geschaute. So geschehen in folgender Erfahrung:

»Mein Mann und ich sitzen am Frühstückstisch nach unserer morgendlichen Meditation. Es ist ein winterlicher Februartag. Dieser Winter kommt uns sehr lang vor dieses Jahr. Er ringt uns Geduld ab im Warten auf den Frühling. Noch immer liegt Schnee, noch immer ist der Wind kalt. Da sehen wir beide zur gleichen Zeit die spärlichen Grashalme, wie sie sich über die Schneedecke strecken und vom Wind gezaust werden. Von der stillen Schönheit dieses Anblicks sind wir beide unverhofft berührt. Wir schauen uns schweigend an. Es ist uns bewusst, wie ungewöhnlich es ist, dass ein Paar gleichzeitig eine solche Erfahrung macht.«

Es ist schon eine Weile her, da ist mir Folgendes geschehen:

»Aus den sonntäglichen Rundfunksendungen ›Evangelische Perspektiven‹ war mir die Redakteurin Hildegunde Wöller schon bekannt. Da hörte ich, dass sie einen Vortrag zu ihrem Buch »Ein Traum von Christus« halten würde.

Hildegunde Wöller ist im Umgang mit der Symbolik der Tiefenpsychologie nach C.G. Jung geschult. In ihrem Vortrag verglich sie den alttestamentarischen Weg des Auszugs der Israeliten aus Ägypten mit der Symbolik des Individuationsweges zur Verwirklichung unserer göttlichen Wesensnatur (des Selbst). Ich

合

Wer bin ich

Wer bin ich?
Ist da in mir eine Tiefe
die mir selbst
ein Geheimnis ist?
Bin ich mehr
oder anders
als ich bisher dachte?
Ist das Andere
außerhalb von mir
oder innerhalb?
Gehört es zu mir,
zum Menschsein?
Will ich es ergründen,
suchen?
Aber wie
macht man das?

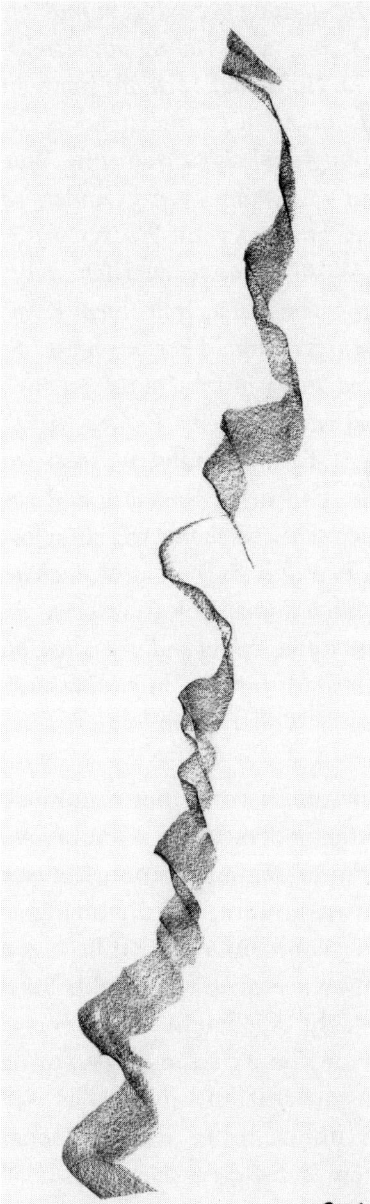

Wegsuche

war von ihrer Darstellung beeindruckt und ich hatte das Gefühl, dass es einfach richtig war, richtig dargestellt für einen suchenden Menschen. Zu Hause habe ich mir dann die Bibel vorgenommen und den Text im Alten Testament nachgelesen. Dabei machte ich eine schier unglaubliche Erfahrung. Wort für Wort überströmte mich mit – ich kann es nicht anders sagen – lebendigem Wasser, so wie Nektar, oder mit Wasser, das essenzielle Lebensenergie hatte. Wirklich ungeheuerlich dabei war aber, dass gleichzeitig in meinem Geist, in meinem Kopf oder Denken eine Art kleiner schwarzer Kobold herumspukte, der mir diese Erfahrung ›madig‹ machen wollte: ›Du tust ja nur so, als würdest du dich für die Bibel interessieren.‹ Es war wirklich toll. Ich konnte jedoch weiterlesen. Das ›lebendige Wasser‹ war nämlich stärker als der ›Kobold‹. Es war so eindeutig und wunderbar, dass der kleine Kobold sich schließlich nur wie ein schwarzer Fleck auf einer Mattscheibe bewegte. Es freut mich noch heute, das zu erzählen. Es war wirklich fantastisch zu erleben, dass das, was da im Alten Testament stand, so lebendig wirken kann, wenn man es vorher richtig, also für mich richtig, übersetzt bekommen hatte, wie das Hildegunde Wöller getan hatte.«

Wir können aber auch von einer numinosen Qualität angerührt werden, die uns erschreckt. Ich kenne einen Mann, der erschauert, wenn er seinen eigenen Herzschlag wahrnimmt. Da geschieht etwas in ihm, das unabhängig von seinem Willen, unabhängig von seiner Kontrolle eigenständig pulsiert. Es erscheint ihm wie eine große dunkle Macht, eine geradezu unheimliche Macht. Vielleicht »das Leben an sich«? Ähnliches höre ich von Klienten, die Angst vor dem Alleinsein haben. Im Alleinsein entsteht etwas, das wie eine übergroße Kraft, wie ein unbekannter Raum erscheint. Diese Angst kommt aus dem Ich-Bewusstsein und sie zu klären, die »Ich-Fixierung« durchlässig werden zu lassen und zu überschreiten, ist auf dem inneren Weg möglich.

Als ich den ersten Vortrag meines späteren Lehrers für Meditation und Psychotherapie, Karlfried Graf Dürckheim, hörte, sprach er davon, dass wir uns gerne auf dem inneren Weg dem »Wahren, Guten, Schönen« verschreiben möchten. Dass wir es jedoch auch mit dem »Unwahren, dem Schlechten und dem Hässlichen« zu tun hätten. Sich dem zu stellen sei nicht minder notwendig auf dem Weg, ein psychisch reifer und spirituell erfahrener Mensch zu werden. Andernfalls laufen wir Gefahr, erneut zu idealisieren und Abspaltungen und seelische »Schatten« zu produzieren, die uns dann »hinterrücks« wieder einholen. Als Graf Dürckheim dann von »Seinsfühlung« und von »Transparenz für Transzendenz« sprach, wusste ich sofort, was er meinte, und ich wusste auch sofort, dass ich den »Geschmack« kenne, weil mir gleich eine Erinnerung aus meiner frühen Beziehung mit meiner Großmutter in den Sinn kam.

»Die Großmutter, bei der wir kurz nach dem Krieg für zwei Jahre wohnen sollten, war eine besondere Frau. Sie sang im Opernchor, las die Bibel während sie das Pflaumenmus kochte, versuchte Vögel mit einem Leimbrett zu fangen (wie Walther von der Vogelweide), damit wir etwas zu essen bekamen, und vor allem: sie verfügte über einen reichen Schatz an weisen Sprüchen. Da nahm ich ES, die spirituelle Dimension, schon als Kind wahr. Immer wieder, wenn es Unstimmigkeiten gab zwischen den Erwachsenen, hatte Omi einen Spruch parat. Es mag aus einem Lied gewesen sein oder von Goethe oder von sonst wem. Ich weiß den Inhalt nicht mehr. Ich weiß nur noch, dass sich die Atmosphäre im Raum unverzüglich in eine helle klare Offenheit wandelte. Es war dann nur noch diese Klarheit da und es funktionierte erstaunlicherweise immer. Ich nahm es wahr und wurde dabei selbst ganz hellwach und heiter. Ich habe es genossen, es war wunderbar. Selbst wenn ich heute davon spreche, spüre ich immer noch ein wenig von dieser Qualität.«

Ich war sehr dankbar, als ich Graf Dürckheim hörte, dass es noch jemanden gab, der diese Dimension kannte, der darüber sprach und der eine solche Erfahrung kundig einordnen konnte. Es war neu für mich zu hören, dass es möglich ist, durch einen Übungsweg wieder Zugang zu dieser spirituellen Ebene zu bekommen.

Von Karlfried Graf Dürckheim, der auch einer der ersten großen Brückenbauer zwischen östlicher und westlicher Spiritualität war (neben Pater Enomya Lassalle), hörte ich, dass seine Initiationserfahrung für die spirituelle Dimension durch das Hören des 11. Spruches des Taoteking von Laotse kam, ein Spruch, den seine spätere Ehefrau Enja ihm und seinen Freunden voll Begeisterung vorgelesen hatte:

Dreißig Speichen teilen sich in die Nabe des Rades.
Das Loch in der Mitte der Nabe ist jedoch das Wesen des Rades.
Forme Ton zu einem Gefäß:
Der leere Raum darin ist das Wesen des Gefäßes.
Vier Wände bilden einen Raum.
Die Leere des Raumes ist sein Wesen.
Daher: Stofflichkeit bringt Nutzen.
Das Nichtstoffliche bringt Wesenheit.

Dürckheim erklärte dazu, dass diese Seinsfühlung ein großes Glückserleben war, ein energetisierendes Lebensgefühl, das wochenlang anhielt. Es hatte eine so große Nachhaltigkeit für ihn, dass er später, nach dem Krieg, sich wieder an dieses spirituelle Erleben erinnerte und es schließlich in den Mittelpunkt seines zukünftigen Lebens, Lehrens und Übens stellte.

Karlfried Graf Dürckheim spricht davon, dass es darum geht, dass wir transparent werden für Transzendenz. Es geht darum, offener, vorurteilsloser, feinsinniger zu werden, um wahrzunehmen, was wirklich ist, um das große geheimnisvolle Leben zu erfassen.

Wesensschau
Da ist die Wirklichkeit
und niemand ist da
der sie erfährt.

Selbst im Traum kann uns eine nachhaltige Seinsfühlung geschehen. So habe ich es erfahren:

»1977 bereitete ich mich auf meine erste Reise nach Japan vor. Ich wollte einerseits an einem Sesshin teilnehmen bei Roshi Johu Seki, sowie in Tokio Aikido (eine japanische Kampfkunst, die von der historischen Schwertkunst abgeleitet ist, jedoch ohne Schwert praktiziert wird) trainieren. Die Reise war für September und Oktober geplant. Im März dieses Jahres hatte ich einen eindrucksvollen Traum: Ich stand im voll ausgezogenen japanischen Bogen. Das war der Traum. Dazu ist noch zu sagen, dass ich zwar den japanischen Langbogen schon auf einem Foto gesehen hatte, dass ich jedoch in keiner aktuellen Berührung mit dieser Kampfkunst stand.

Eindrucksvoll an meinem Traum war, dass er mir eine große spirituelle Energieerfahrung bescherte. Ich war sozusagen auf der horizontalen und auf der vertikalen Linie mit allen Kräften (vielleicht den kosmischen Kräften) ganzheitlich verbunden. Obwohl das im Traum geschah, wirkte diese wunderbare Kraft noch wochenlang in meinen Alltag hinein. Als ich dann begann, das japanische Bogenschießen, Kyudo, zu erlernen, erwartete ich latent eine dem Traum ähnelnde Erfahrung, was natürlich eine Illusion war. Dennoch geschahen mir anfänglich ganz unverhofft Erfahrungen von großer Schönheit, die mich zutiefst beeindruckten. In der Phase der gesammelten stillen Vorbereitung, in der man schon ein wenig den Bogen vorgespannt hat und aufmerk-

Anbetung ewiglich

Anbetung
Ewiglich
Immerwährend
Küsst die Stirn den Stein.
An? Betung?
Betung!
Betung.

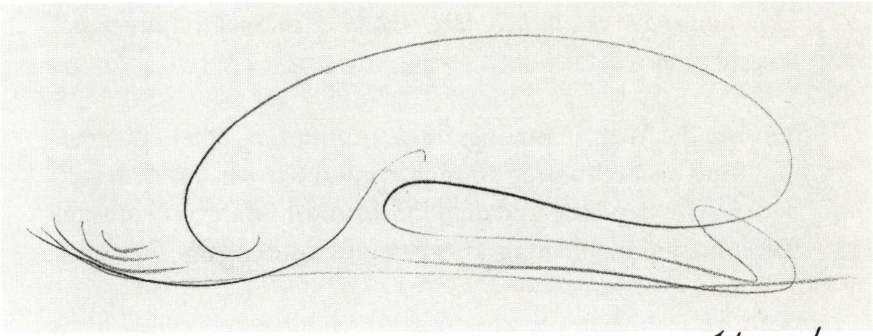

Hingabe

sam auf das Ziel blickt, schaue ich die glänzende Schönheit dieses Strohballens, der gleich meinen abgeschossenen Pfeil auffangen soll. Oder muss ich sagen, dass das Stroh »tausend Augen hat, die mich ansehen«? Es klingt merkwürdig, ist jedoch nicht anders zu beschreiben. Man wird von einem ehrfürchtigen Schauer durchrieselt und möchte den Blick senken vor Ergriffenheit. Kann es jemand nachfühlen? »Seinsfühlung« nennt Dürckheim diese Qualität. Es kann uns bei jeder Gelegenheit, mit allem passieren, wenn wir seelisch offen sind: durch den zufälligen Blick auf die Holzwand, durch das Spiel des Windes mit den Blättern, ja sogar mit dem tanzenden Stäubchen dort, das in allen Spektralfarben des Regenbogens glänzt.«

Ob wir die Wahrnehmung einer numinosen, einer spirituellen Kraft als Bedrohung empfinden und wie wir uns dem stellen, ist von der Reife und dem Erfahrungshintergrund unserer Persönlichkeit abhängig. Hierzu eine Erinnerung:

»Als ich mein erstes Sesshin (das ist ein intensives einwöchiges Meditationstraining) in einem japanischen Kloster machte, hatte ich in der Arbeitszeit die Buddhahalle zu fegen. Es war ein quadratischer abgedunkelter Raum mit hohen Wänden in einem Holzbau. Es gab eine tiefe Nische, in der eine große Buddhastatue stand. Ich war alleine im Raum. Ich versuchte einfach meine Aufgabe zu erfüllen, fühlte mich jedoch von einer mächtigen Gegenwart beunruhigt. Erst redete ich mir ein ›da ist nichts, da ist nur eine Statue aus Holz im Dunkeln‹, jedoch es half nichts. Da war wirklich eine überwältigende dunkle Macht, eine Energie, auch irgendwie eine personale Energie, als wäre da jemand, der mich persönlich wahrnahm. Ich musste mich mehrmals zu der Holzfigur umdrehen, um mich zu vergewissern, dass da kein lebender Mensch war. Dennoch, die lebendige Kraft blieb gegenwärtig. Schließlich redete ich diese Gegenwart an: ›Ja, ich bin da, ich nehme hier an einem Sesshin teil, ich bin sehr beein-

druckt, ich fühle die Kraft hier im Raum, ich bin sehr ehrfürchtig.‹ So trat ich in Kontakt und brachte es schließlich fertig, die Buddhahalle zu reinigen – die natürlich auch vorher schon blitzsauber war.«

Ganz ähnlich war die Erfahrung, die ich erst kürzlich bei meinem letzten Japanaufenthalt gemacht habe. Das Städtchen Myakonojo auf der Insel Kyushu gab für die Gruppe der europäischen Kyudoka ein Volksfest. Es fand im Freigelände um den Haupttempel des Ortes statt. Als es Nacht und kühler wurde, wurden die Festlichkeiten im sehr großen quadratischen Innenraum des Tempels fortgesetzt. Über den ganzen ausgedehnten Raum verteilt spielten Schüler und Schülerinnen aller Altersklassen der städtischen Schulen ihre Geschicklichkeits-, Knobel- und Bastel-Spiele mit den ausländischen Gästen. Es entstand eine heitere, muntere Atmosphäre der Begegnung in der Sprache der Kinderspiele.

Der hintere Bereich des Tempels, der etwas erhöht in tiefem Dunkel lag, wurde jedoch nicht betreten.

»Als ich in die Nähe dieses Bereiches kam, berührte mich eine mächtige Energie. Sie war still, kraftvoll und angefüllt von einer so unendlichen Liebe, dass ich die Tränen der Erschütterung nicht mehr aufhalten konnte. Ich verbarg mich so lange in einer Ecke des Raumes, bis ich die emotionale Berührung wieder kontrollieren konnte. Mein großer Herzensimpuls wäre gewesen, mich auf die Knie niederzuwerfen und die Stirn zu senken, um diese formlose heilige Gegenwart zu ehren.«

Dass diese Energie nicht nur in östlichen Klöstern spürbar ist, erfuhr ich in folgender Situation.

»Im Sommer 1997 gingen mein Mann und ich während einer Ferienreise in Wells, Südengland, in ein Chorkonzert. Die Kathe-

Glück

Glück
Überkommt mich
Wie Mairegen
Grundlos

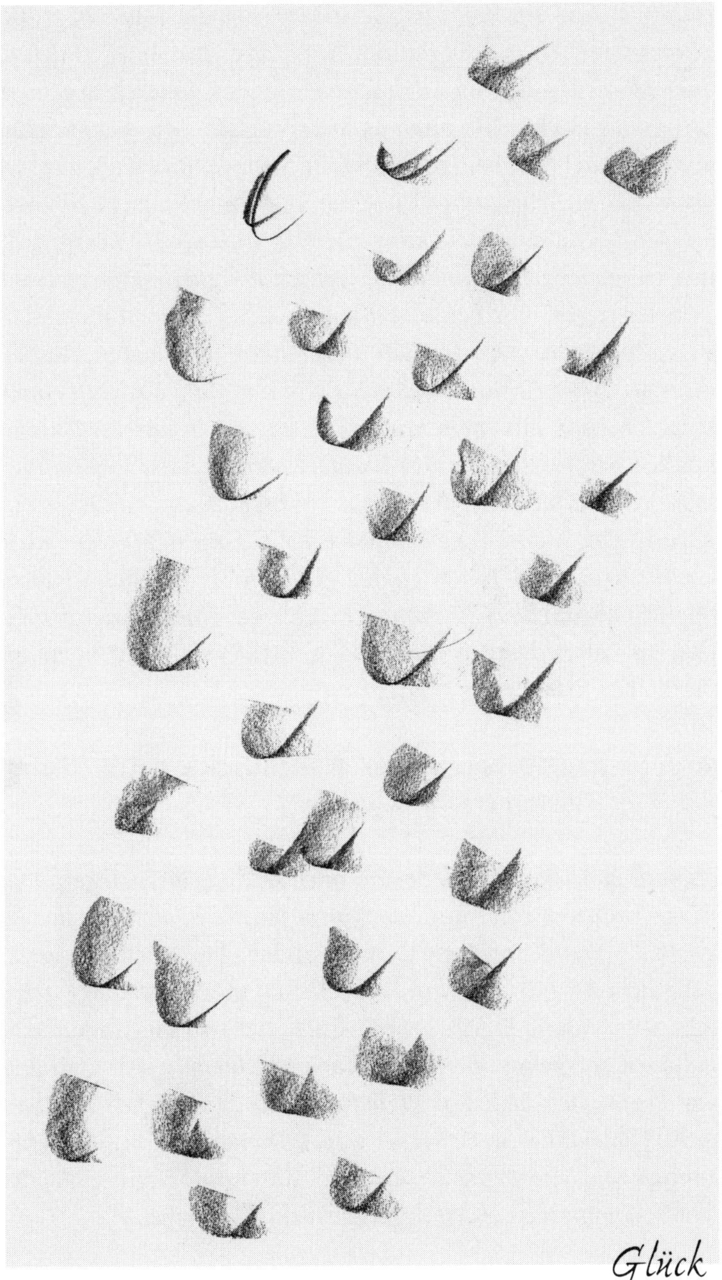

Glück

drale war voll besetzt. Der Geistliche, der die Gäste begrüßte, schloss seine Ansprache mit der Bitte, dass alle Anwesenden für einen Moment auf ihren Atem schauen sollten, um sich so gemeinsam zu sammeln. Alle taten es unverzüglich. Mit einem Schlag war eine mächtige, heilige, kraftvolle Stille im Raum. Es war, wie wenn sich die tiefgründige Ewigkeit im ganzen Raum ausbreitete. Tatsächlich dauerte diese konzentrierte Stille vielleicht einige Sekunden, gleichzeitig wirkte sie wie die Ewigkeit, oder vielleicht sollte ich sagen »wie Zeit und Raum an sich«. Mein Mann und ich waren so beeindruckt, dass wir uns erstaunt anschauten. Das war unser größtes Erlebnis auf dieser Reise und wohl auch ein einmaliges. Ich kann mir nicht vorstellen, dass es in unseren Kirchen möglich ist, dass sich einige hundert Menschen in einstimmiger Selbstverständlichkeit auf ihren eigenen Atem konzentrieren würden. Der Mensch, der nicht in der Übung steht, weiß nicht, welche Kraft und Innerlichkeit er dadurch für sich erfahren könnte. Obwohl das Chorkonzert von hoher Qualität war, ist mir doch vor allen Dingen diese heilige Stilleerfahrung in unauslöschlicher Erinnerung geblieben.«

Noch ein anderes Beispiel aus dem alltäglichen Tun, das mir von einer Klientin erzählt wurde.

»Gerade noch konzentrierte ich mich darauf, die Belege für die Steuererklärung zu ordnen, da war es plötzlich, als wäre das Rascheln des Papiers noch etwas anderes. Ich glaube, ich war gerade ganz dicht bei mir. Ich war einerseits auf die Sache konzentriert, hatte stundenlang Belege geordnet, ich war still und aufmerksam und auch entspannt, die Arbeit war nicht kompliziert. Und dann war da plötzlich die Ewigkeit im Raum, die Zeitlosigkeit, dicht und leicht. Und dann war sie wieder weg. Es hinterlässt mich heiter besinnlich und ein wenig ehrfürchtig lauschend. Sogar glücklich. Woher kommt das? Es ist doch gar nichts geschehen.«

Ein Student, der mich um Rat bittet, erzählt mir Folgendes:

»Ich war seit Wochen in latenter innerer Verzweiflung. Ich bekam nichts auf die Reihe. Ich war mit meiner Studienentscheidung unglücklich, meine Liebesbeziehung ging zu Bruch, mein Kopf war voller Sorgen und dunkler Vorahnungen. Ich fühlte mich, als würde ich im Schlamm versinken. Da ging ich an einer Zoohandlung vorbei. Obwohl ich zu Hause keine Tiere habe, ging ich hinein, das laute Zwitschern der Vögel hatte mich eigenartig angezogen. Mein Blick fiel auf die Wellensittiche. Da sah ich, dass diese Vögel in einer ganz anderen Dimension waren. Sie lebten scheinbar in einer Art Paralleldimension zu der meinen, in der ich gerade steckte. Die ihre war ganz klar und problemfrei. Sie waren einfach lebendigstes Leben. Sie spielten miteinander, und der Käfig schien für sie überhaupt kein Thema zu sein. Solange ich ihnen zuschaute, war ich auch ein wenig mit ihnen in ihrem sorglosen Leben. Es hat mich eigenartig beruhigt. Ich selbst war im Käfig meiner Gedanken, meines Kopfes, meiner Probleme. Sie waren einfach nur lebendig, rückhaltlos, hundertprozentig da, obwohl sie objektiv im Käfig waren. Ich sehe etwas bei ihnen, was gerade das ganze Gegenteil von dem ist, wo ich mich gerade empfinde. Wie kann das sein? Wie kriege ich diese hundertprozentige Lebendigkeit in mein Leben? Ich kann doch kein Wellensittich werden.«

Der Student nimmt etwas wahr, wovon er glaubt, es existiere außerhalb von ihm. Es ist die bedingungslose Präsenz, die ihn berührt, eine Präsenz, die durch Gitterstäbe hindurch spürbar ist. Tatsächlich kann er jedoch nur wahrnehmen, was auch mit ihm zu tun hat und ihm auch entspricht. Sein »Geist-Auge« hatte sich geöffnet, sein geistiges Sehen war geweckt worden, ohne dass er das schon einzuordnen in der Lage gewesen wäre.

Tiere können tatsächlich, was den Aspekt der Präsenz angeht, Lehrmeister für uns sein.

Hat ein Wellensittich die Wesensnatur?

Hat ein Hund die Wesensnatur?
Hat ein Frosch die Wesensnatur?
Quack Quaaack

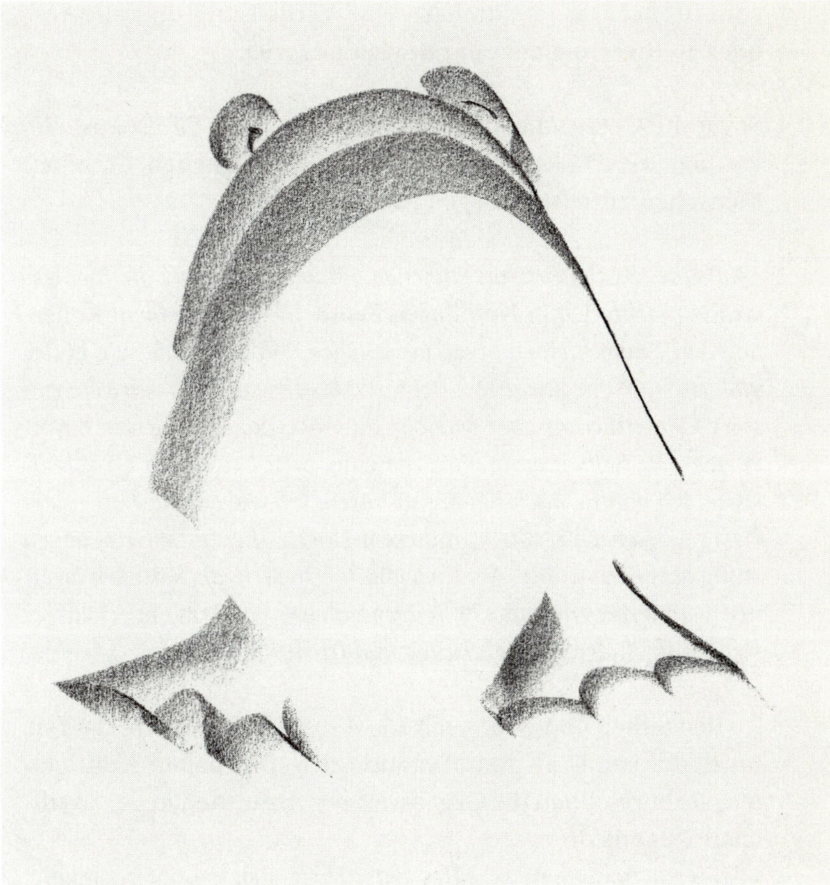

Tiere sind immer in der lebendigen Gegenwart. Für Tiere macht es keinen Sinn, sich mit der Vergangenheit zu beschäftigen oder über die Zukunft zu spekulieren. Tiere sind mit ihrem ganzen Sein da. Der Student hat wahrgenommen, dass es ein weiteres Bewusstseinsfeld gibt, vielleicht auch gerade deshalb, weil er sich in seiner gegenwärtigen Verfassung eingeengt fühlte. Das ist durchaus eine Verheißung und ein Ausblick in Richtung auf ein Entwicklungsziel.

Sogar die Geräusche, die Schwingungen einer Großbaustelle, können unverhofft zu einer Seinsfühlung verhelfen, die einen Menschen zutiefst bewegen kann.

»Auf einer Rückfahrt von München mit dem Auto über die Bundesstraße machte ich in Nördlingen Pause. Ich saß in einem Kaffeehaus an einem kleinen Straßentischchen. Da hörte ich, wie in der ganzen Stadt ein gewaltiges tiefes ›OM‹ schwang, als wäre ein riesiger Chor tibetanischer Mönche zu Gast, die alle Gassen bevölkerten. Die Schwingung kam von einer weit entfernten Großbaustelle. Ich konnte mich kaum satt hören. Ich wurde selbst zu einem riesig großen Ohr, das sich diesem Hören, diesen Schwingungen völlig hingeben wollte. Am Ende fühlte ich mich, als hätte ich an einer wunderbaren Andacht teilgenommen, gestärkt, mit heiliger Kraft aufgeladen, überglücklich und friedevoll.«

Zu den Silben OM oder auch AUM sollte man wissen, dass sie im Buddhismus als Manifestation der spirituellen Kraft gelten, sie bezeichnen die Gegenwart des Absoluten in der weltlichen Dimension.
»Alles ist Schwingung. Alles entwickelt sich aus Schwingung. Diese Erfahrung kann mir niemand mehr ausreden«, sagt mir eine Klientin. Sie erzählt dazu Folgendes:

»Ich habe mich auf einer Tagung der transpersonalen Psychologie als Versuchsobjekt zur Verfügung gestellt. Ein Therapeut,

der mit Gongs arbeitet, brauchte eine Person, die sich für die Erfahrung der Schwingungen zur Verfügung stellte. Ich legte mich auf eine Bank auf den Rücken und hatte die Schuhe ausgezogen, damit der Therapeut den Gong in Richtung meiner Fußsohlen anschlagen konnte. Unverzüglich wurde ich in eine ganz tiefe Sammlung in mich hinein genommen. Als ich nach meiner Wahrnehmung gefragt wurde, war ich kaum hörbar, da meine Stimme durch das innere Hineingenommensein ganz leise wurde. Aber es war für mich ganz deutlich. In meinem Beckenraum erschien ein Halbmond, ein dünner Sichelmond. Der Sichelmond hatte die Rundung unten im Bereich Beckenboden, nicht so wie er am Himmel zu sehen ist. Eher so, wie man den Mond im Bereich des Äquators sieht. Mein ganzer Leib war wie ein geheiligter Raum. Groß, still, kraftvoll, tiefdunkel. Ich war beeindruckt und sehr, sehr glücklich.«

Eine Klientin schreibt mir, nachdem sie zum ersten Mal einige Tage lang an einem Meditations-Seminar (an einem »Sesshin«) teilgenommen hatte:

»Es ist erstaunlich, wie das Sitzen, also die Sitzmeditation, das Zazen, nachwirkt. Beim Geschirrspülen hatte ich neulich ein komisches Erlebnis. Es war so komisch, plötzlich war alles ganz empfindlich, das ganze Geschirr schien irgendwie wichtig, also echt zu sein, es war so komisch, dass ich etwas erschrocken bin. Wenn ich so ein Empfinden immer habe und alles heilig ist, das finde ich ein bisschen beängstigend, unnormal – na ja, wahrscheinlich bin ich noch nicht so weit …«

Wenn wir offen sind, kann der »banalste« Kontakt zu einer feinsinnigen Erfahrung werden. Es kann uns entspannen, beglücken, erheitern.
Mitunter schwingt durch ein inneres »Bohrloch« unseres oberflächlichen Bewusstseins schon etwas von unserer we-

Stille, lauschende Kraft

Stille.
Lauschende Kraft.
Wessen Ohren sind das?

Die Lauschende

senhaften tiefen Freiheit, von unserer Leichtigkeit und befreiten Freude durch.

Eine andere Klientin erzählt folgendes Erlebnis während eines Sesshins:

»Das Sesshin an Ostern war witzig, echt witzig. Ein paar Mal ist es mir passiert, dass ich während des Sitzens losgeprustet habe, ich musste lachen über den Blödsinn, der mir im Kopf herumspukte. Also wirklich – ich dachte an Pizza mit Schlagsahne und hätte mich darüber totlachen können. Aber es war gut für mich. Der Lehrer sagte bei einem Gespräch ›ja, so ist es‹. Aber ich weiß es besser, so ist es nicht, meine Gedanken waren nicht leise, ich war wohl etwas überdreht und ich habe beim Sitzen viel mehr an den Max gedacht als an nichts. Ein paar Einheiten waren schon sehr gut. Aber diese Freude, das war wunderbar. Freude über ›Pizza mit Schlagsahne‹, wie gibt's denn so was.«

Das war ein kleiner Durchbruch ins erlöste Sein, auch wenn es sich im Bild »Pizza mit Schlagsahne« gezeigt hat. Das noch unerfahrene Ichbewusstsein muss jedoch danach greifen und es bewerten. »Nein, ich bin doch dem gar nicht würdig, nein ich muss grundsätzlich noch ›reiner‹ sein.«

Um sich mit Zen (oder Kontemplation oder einem anderen spirituellen Weg) nicht nur zu identifizieren, müssen wir praktizieren. Der reale Weg entsteht nur durch das reale Gehen des Weges.

Vor der Entscheidung bedarf es einer gründlichen Prüfung des inneren Bedürfnisses. Es geht darum, sich auf einen langen Weg der Körper-Geist-Schulung einzulassen.

Über dem Tor eines japanischen Zen-Klosters steht sinngemäß, dass nur derjenige Mensch hier eintreten soll, der das Geheimnis von Leben und Tod ergründen will. Im Westen hat sich inzwischen die größte Laiengemeinschaft des Zen-Weges entwickelt. Das Betreten des Weges führt zwar nicht mehr über die äußere Barriere in Form eines Tempeltors, innere Barrieren tauchen jedoch unvermeidlich auf, die verstanden und aufgelöst werden wollen, an denen wir seelisch wachsen können. Hier kann oft eine psychologische Begleitung helfen.

Ein anderer Klient erzählte mir nach seinem ersten Meditations-Seminar:

»Ich ahne den Sonnenaufgang hinter meinem ›Misthaufen‹. Damit meine ich, dass mich im Vordergrund meines Bewusstseins viele persönliche Beziehungen beschäftigen, die ich noch zu klären habe. Aber ich weiß nun schon einmal, dass es den Sonnenaufgang dahinter gibt.«

Wenn wir uns in die meditative Stille einzuüben beginnen, erscheint uns unsere Innenwelt manchmal wie eine dichte Materie, durch die wir glauben hindurch zu müssen. Das Mitfließen mit dem Atem ist »feinsinnig« und die persönliche Innenwelt wird dem gegenüber »grobsinnlich« erlebt. Da die Übung trotz derartiger Widerstände beharrlich weitergeführt wird, erwächst daraus langsam die Erfahrung, dass der »Sonnenaufgang« trotz allem schon am Horizont zart wahrnehmbar ist und für jene neue Dimension steht, die alles Persönliche durchdringt und überschreitet.

Eine ehemalige Klientin, die nun auf dem Meditationsweg ist, wünscht sich, dass wir uns unsere Erfahrungen mitteilen würden, in denen uns das große heilige Sein und die mitfühlende Verbundenheit berührt haben. Die Voraussetzung dazu wäre, dass wir gelassen in unserer Mitte bleiben könnten, um nicht auf einen Wettstreit nach dem Motto »wer hat die meisten Erfahrungen« zu verfallen. Dies in einem Buch aufzuschreiben, ist vielleicht doch am besten geeignet, den Leser, die Leserin im inneren stillen Kämmerlein der eigenen Seele zu berühren, ohne ihn oder sie einem »spirituellen Leistungsdruck« auszusetzen.

Kartoffelschale

Windet sich
Um meinen Finger
Ist es Liebe?

Kartoffelschale

Die Klientin sagt:

»Wenn die Menschen sich entschließen könnten über solche Erfahrungen zu reden, dann würde es nichts anderes mehr geben, als nur noch Offenheit und Wahrnehmung dessen, was uns, wenn wir aufmerksam sind, ›nur so um die Ohren fliegt‹ und darauf wartet, erkannt zu werden. Manchmal geht es mir sogar auf der Autobahn so, wenn ich in einem Strom mitfahre, die vielen Autos und die Menschen die ›unterwegs‹ sind, da fühle ich mich manchmal richtig ›getragen‹ – alle sind unterwegs.«

So sollten wir uns anschauen: Wir sind alle unterwegs, jede und jeder passiert gerade den eigenen Meilenstein und alle streben im Grunde nach dem gleichen Ziel.

Eine Liebesgeschichte

Christian, der im Zoogeschäft die Ahnung einer spirituellen Dimension des Lebens bekam, studiert Psychologie. Er ist in einer Trennungskrise, als er in meine Praxis kommt, und berichtet nun davon: Seit einem halben Jahr versucht er alleine mit den seelischen Schmerzen zurechtzukommen, hat sich in sein Studium gestürzt, hat sich Geld dazu verdient, hat sich politisch engagiert und versucht, die Probleme aus seiner Herkunftsfamilie aufzufangen. Aufgrund seines Psychologiestudiums erwartet man, meinte er, dass er bereits ein erfolgreicher Ratgeber sein kann. Christian ist sehr aktiv, überaktiv, womit er versucht, den seelischen Schmerz über den Verlust seiner Herzensfreundin zu kaschieren. Christian ist gefordert und überfordert. Er fordert sich und stagniert dennoch mit sich.

Die Begegnung mit der Freundin war eine Initiationserfahrung von großer Tragweite. Christian erlebt in der Familie seiner Freundin eine gelebte Kultur des Geistes und der Zwischenmenschlichkeit, die seinen geheimsten eigenen Bedürfnissen entspricht. Er erfährt eine Familie, die ihre Religiosität glaubwürdig praktiziert. Man kritisiert nicht ständig aneinander herum, sondern bezieht andere in einer freundlich offenen Grundhaltung mit ein.

Christian erzählt, dass sich ihre Beziehung kontinuierlich polarisiert hat. Er hat seine Freundin idealisiert, er hat sie auf einen Sockel gehoben und sich bemüht, diese erhöhte Position aufrechtzuerhalten.

Mit der Zeit erlebte er sich selbst als auf der dunklen Seite stehend, die wertlos, minderwertig ist. Bei seiner Freundin nimmt er nur die positiven Seiten wahr.

An den Idealen, die er seiner Freundin und der Familie zuschreibt, erkenne ich die Entwicklungsziele, die Christian eigentlich für sich selbst hat. Für derartige Ziele der seelischen Ausreifung braucht es eine Langzeitstrategie. Wir werden sehen, ob er einen Übungsweg findet, den er über einen jahrelangen Zeitraum gehen kann.

Um Christian jetzt erst einmal wieder an sich selbst heranzuführen schlage ich ihm eine Zeichenübung vor. Es ist eine Übung in drei Schritten.

Übung

Mein Gesicht malen

1. Schritt: Mit geschlossenen Augen und beiden Händen mit Fingerfarben das eigene Gesicht malen, so, wie es in diesem Augenblick innerlich erspürt wird.

2. Schritt: Mit offenen Augen und beiden Händen das Gesicht noch einmal zeichnen.

3. Schritt: Das eigene Gesicht als eine Art Drei-Sekunden-Bild schnell auf das Papier zeichnen.

Da das prüfende Gesichtsfeld ausgeschaltet wird, gibt das 1. Bild etwas preis über die weniger kontrollierte Gefühlsebene des Zeichners.

Das 2. Bild stellt meist die Maske dar, mit der der Zeichner, die Zeichnerin sich nach außen darstellt.

Das 3. Bild zeigt häufig einen Ausdruck, der über den Ausdruck aus den ersten beiden Darstellungen hinausgeht.

Diese Zeichnungen (siehe S. 50/51) sind einerseits Momentaufnahmen der derzeitigen inneren Verfassung, andererseits zeigen sie charakteristische seelische Qualitäten der Person. Das wird auch erkennbar, wenn solche Zeichnungen in verschiedenen zeitlichen Abständen wiederholt werden.
Christian ist erstaunt über die Aspekte seiner inneren Verfassung, wie er sie mit den Zeichnungen jetzt vor Augen hat.

»Beim Bild mit geschlossenen Augen habe ich etwas einseitig meine Haare betont. Ich verstecke mich ein wenig hinter meinen Haaren.

Das zweite Bild habe ich absichtlich im Profil gezeigt. Ich zeige hier auch wieder nur eine Seite von mir.

Im dritten Bild gibt es keinen Mund. Das habe ich ja auch ganz schnell gemalt. Aber zu dem fehlenden Mund fällt mir ein, dass ich zurzeit mit meinen Eltern nicht über meine Probleme sprechen möchte. Da bleibe ich stumm.«

Die Bilder zeigen natürlich noch mehr von Christian, als er in Worte fassen kann. Es scheint ein gewisses Spannungsverhältnis zu geben zwischen seinem sensiblen Gefühlsleben und dem Tagesbewusstsein, mit dem er versucht, den Anforderungen zu begegnen, die an ihn als jungen Erwachsenen gestellt werden. Das Profilbild könnte auch das eines älteren, wenn nicht alten Mannes oder sogar einer alten Frau sein. Das dritte Bild betont wieder eine Empfindsamkeit, wie man sie auch bei einem jungen Mädchen vermuten könnte. Seine männlichen und weiblichen seelischen Qualitäten sind erkennbar. Wahrscheinlich geht es auch um seine künstlerischen Fähigkeiten und seine spirituellen Bedürfnisse.

Ein Aspekt der inneren Aufgabe wird sein, dass er seine sensiblen Fähigkeiten nicht grob überformt, sondern ausformt.

Zeichnungen mit Fingerfarben

1. Bild

2. Bild

Christian ist auf dem Weg sich wieder für sich selbst und für seine Entwicklung zu interessieren. Die »Wegarbeit« für ihn bedeutet auch, sich weiterhin gut innerlich kennen zu lernen, Ich-Stärke und Selbst-Bewusstsein auszubilden, um gut zu vermitteln zwischen den inneren Bedürfnissen und den äußeren Anforderungen.

Unter Selbst-Bewusstsein ist nicht nur rein psychologisch das Wissen um den persönlichen Eigenwert und die Menschenwürde gemeint, sondern auch die spirituelle Dimension des Wesens.

3. Bild

Die Mitte

Christian hat in seiner Beziehung zu seiner Freundin erlebt, wie sich eine Polarisierung eingeschlichen hat. Sie war für ihn die »Prinzessin aus hohem Hause«, er wurde mehr und mehr, bildhaft gesprochen, zum »mittellosen Bettler«. Wodurch dies geschehen ist, kann er nur teilweise nachvollziehen. Er hatte die Einstellung, dass bedingungslose Verehrung der Partnerin zur Liebe dazugehört und dass er während ihrer Beziehung mehr und mehr ausblendete, dass er diese Verehrung auf Kosten seiner eigenen Meinung aufrechterhielt, trug zu der Polarisierung bei. Er vermied konsequent, etwas zu thematisieren, was ihm nicht gefiel oder wozu er eine andere Meinung hatte.

Gefördert wurde seine Haltung durch die von ihm erlebte große Empfindlichkeit seiner Freundin gegenüber Kritik.

So eine Polarisierung kann sich natürlich ebenso umgekehrt abspielen. Ein Partner kritisiert ständig den anderen, woraufhin sich der eine als der »schlechtere Mensch« fühlen kann und der andere versucht, auf dem Thron des scheinbar »besseren Menschen« zu sitzen.

Christian, der sich mehr und mehr für den Meditationsweg interessiert, möchte wissen, wie er seine Mitte finden kann. Er hofft so, einen Weg aus der Polarisierung heraus zu finden. Er stellt die Frage, ob die Mitte nur zu finden ist, wenn man erst »über die Stränge« schlägt wie ein Pendel, um sich dann langsam in die Mitte einzuschwingen.

Ich weise darauf hin, dass die Mitte immer schon da ist, dass er ohne Mitte gar nicht »funktionieren« könnte – dass er jedoch mit der Mitte bewusst oder unbewusst leben kann. Das heißt, die Aufmerksamkeit, also die seelisch-geistigen Kräfte, zentrieren oder de-zentrieren, zerstreuen oder polarisierend fixieren kann.

Übend spüren wir dem Thema nach.

Übung

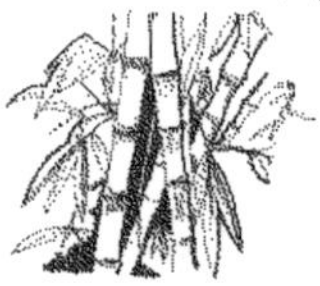

Meine Mitte

Sich nach innen ausrichten.

Den Atem spüren.

Sich fühlen.

Den Leib entspannen.

Die Gedanken ignorieren.

Die Gedanken wie eine Wolkendecke sein lassen.
Jedoch auf die Sonne dahinter schauen.
Einen Moment lang innerlich sich leer machen,
leer wie ein leeres Gefäß.
Im Sich-Spüren ist es leicht, leer zu sein.
Ich sage zu mir:
Ich nehme Kontakt auf zu meiner Mitte.
Meine Mitte ist
ohne warum und ohne wofür,
einfach Mitte.
Zentrum.
Meine Mitte ist
wie die Rose,
die ohne warum blüht.
Sie blüht, weil sie blüht.
Sie ist da,
weil sie da ist.
Ich bin da,
weil ich da bin.
Einatmen.
Ausatmen.
Ich bin da.
Dasein.
Im Sein sein.
Anwesend sein
ohne Für und Wider.
Wesend
Wesentlich.

Unterdrückte Liebe

Eine 42-jährige Frau, eine Kollegin, kommt in die Praxis, weil sie mit ihrer Liebesfähigkeit in Not geraten ist. Sie hatte bei einem japanischen Zen-Meister den Meditationsweg begonnen, der nun aber verstorben war. Sie hatte ihren Meditationsweg in den letzten zwei Jahren vorwiegend alleine praktiziert, ohne überprüfende und begleitende Gespräche mit einem Lehrer oder einer Lehrerin geführt zu haben.

Wir nennen sie Karla. Karla erzählt:

»Ich bin einem Mann begegnet, der auch Single ist. Zwischen uns hat sich eine große Sympathie entwickelt. Ich dachte, ist das nicht ein Wink des Schicksals, mein Einsiedlerleben aufzugeben, obwohl mir diese Lebensform auch ganz gut gefiel?

Mit diesem Mann sprangen mir aber wieder einige Facetten meines alten Minderwertigkeitskomplexes entgegen, die mir in meinem Leben schon einmal erhebliche Probleme bereitet hatten, und ich spürte schnell, dass hier meine alten seelischen Wunden wieder aufgekratzt werden könnten. Hatte ich den Mut, mich dem erneut auszusetzen? Ich hoffte so sehr, dass mich meine Meditationspraxis inzwischen geheilt hat. Hatte ich die alten Wunden, die seelischen Kränkungen durch die Meditation verwandelt? Ich wollte es gerne glauben. Eigentlich entsprach es meinen Erwartungen, dass ich aufgrund meiner spirituellen Praxis weitergekommen bin.

Ich hatte immer das Gefühl, zu wenig Bildung bekommen zu haben. Dieser Mann jedoch war in dieser Hinsicht das ganze Gegenteil von mir, sozusagen mit Idealbildung ausgestattet. Meine Frage war, konnte ich ihn aushalten, ihn lieben, ohne mich zu vergleichen? Konnte ich in meiner Mitte bleiben? Es war wirklich eine bange, ängstliche Frage für mich. Jedoch – es stellte sich schnell heraus – ich konnte es nicht! Enttäuscht frage ich mich nun, wo sind die Auswirkungen meines Zen-Trainings, des Zen, das ›übergegensätzlich‹ ist, das einen doch zur Souveränität führen sollte. Hat es denn auf meine Persönlichkeitsreifung gar keinen Einfluss gehabt?

Tatsächlich erfuhr ich, dass die Polarisierung zwischen der spirituellen Dimension und dem Persönlichen sich noch verschärft hatte. Wenn ich mich in die Meditation setzte, war alles gut. Ich war im Frieden, in der Stille, im Hellen, ich fühlte mich geordnet. Ich fühlte mich in der Liebe. Ich wurde manchmal von einer religiösen liebenden Anbetung innerlich überschwemmt, richtig vom Herzen her, ohne jedoch etwas von dieser Liebe angemessen herüberretten zu können in die Beziehung. Gemessen an dem Liebespotenzial in mir, war das, was zu meinem Freund floss, ein Rinnsal. Es war, wie wenn ich eine geheime ›Gottesliebe‹ lebte und in der menschlichen Beziehung zum Stachelschwein mutierte.«

Zur Erklärung: Auf dem Zen-Weg kann uns eine große Liebeserfahrung geschehen. Der Zen-Buddhismus spricht von »Maitreya«, dem Urbild der universellen Liebe. Diese universelle Liebe gehört zu den göttlichen Verweilzuständen, in die sich einzuüben empfohlen wird. Diese Verfassung ist eine Stufe auf dem Weg zur vollständigen Erleuchtungserfahrung.

Karla klagte ihr Leid mit ihrer wie gespalten erlebten Liebesfähigkeit, mit der göttlichen und der menschlichen Liebe. Sie hoffte nun, durch eine psychologische Arbeit zu einer Integration zu kommen. Sie erzählte weiter:

»Sobald ich auf der Beziehungsebene in den Alltagssituationen mit meinem Freund war, fühlte ich allzu schnell dunkle Schatten zwischen uns. Es waren richtige handfeste Wolken, die sich vor

meine innere klare Sonne schoben. Ich wurde kritisch, rechthaberisch, besserwisserisch, kämpferisch, abwertend. Zu allem Überfluss erkannte ich den Beziehungsstil meiner Mutter an mir, den sie in ihren späteren Ehejahren meinem Vater gegenüber gezeigt hatte. Auch das noch, dachte ich. Ich wollte nie so werden wie meine Mutter. Ob das unsere Liebe aushält und wie lange?

Das kann's doch nicht sein.

Ich dachte, ich hätte viel an mir gearbeitet, und nun das.

Es muss doch möglich sein, dass ›Gottesliebe‹ auch Menschenliebe wird.

Ist es denn nicht vereinbar, den spirituellen Weg zu gehen und eine Ehe zu führen?«

Das waren ihre Klagen und ihre Fragen. An ihre inzwischen 3-jährige Meditationspraxis hatte sie große Erwartungen. Sie hatte während dieser Zeit an vier Wochenend-Sesshins teilgenommen und zu Hause regelmäßig praktiziert. Sie war eine gut ausgebildete und erfolgreiche Psychologin. Die Zen-Literatur hatte jedoch auch ihr Konzepte vermittelt, mit denen sie sich identifizierte, ohne recht unterscheiden zu können, was Konzept und was Verwirklichung war. Bei dieser Unterscheidung zu helfen, ist die besondere Aufgabe des Zen-Lehrers, der Zen-Lehrerin.

Die hier anstehende Aufgabe könnte heißen:

»Geh aus deinem Land, aus der Trübung, die du dir selbst, und aus der Trübung, die deine Mutter dir angetan hat.«

Wir werden uns nun um eine nachträgliche Beziehungsklärung bemühen.

Da die Klientin einen deutlichen Hinweis auf ihre Mutterbeziehung gab, haben wir sie in unserer gemeinsamen Arbeit bewusst zum Thema gemacht.

Unser Arbeitsziel ist, sich zur Mutter nicht über eine vorgefasste Meinung in Beziehung zu setzen, sondern ganz unmittelbar offen zu werden und der Mutter mitzuteilen, was Karla in ihrer Beziehung erfahren hat, das die Mutter wissen sollte.

Auch wenn in der Zen-Schulung, zum Beispiel in der Arbeit mit dem Koan (ein Koan ist eine paradox wirkende Aufgabe, die nicht mit dem rational denkenden Bewusstsein gelöst werden kann, sondern nur im direkten authentischen Lebensvollzug), eine Antwort aus den mentalen Konzepten, aus dem philosophischen Wissen oder aus den persönlichen gedanklichen Schlussfolgerungen angeboten wird, wird das zurückgewiesen. Die Erfahrung, die Einsicht muss direkt, unmittelbar präsentiert werden, ohne Brechungen durch Denkkonstrukte und wenn sie auch noch so intelligent sind.

Das 1. Koan der Klientin, das sie von ihrem japanischen Zen-Meister bekommen hatte, hieß sinngemäß: Was ist dein ursprüngliches Gesicht, vor der Geburt deiner Eltern? Auch dieses Koan wies auf das bewusste, freie Ankommen in ihrem eigenen Leben hier und jetzt hin. Eine echte De-Identifikation mit der Elternbeziehung sollte dann gelungen sein.

Aber hier war sie noch nicht gelungen.

In der Arbeit mit dieser Klientin stellte sich dann heraus, dass ihre durch die Meditationspraxis gewonnene Fähigkeit sich zu sammeln und nach innen auszurichten, sehr hilfreich war. Mithilfe meiner Fragen, auf die sie sich gut einlassen konnte, kamen wir erstaunlich schnell zu ihren frühesten prägenden Kindheitserinnerungen mit ihrer Mutter. Dies war umso erstaunlicher, als sie – mit ihrem Tagesbewusstsein – geneigt war zu sagen: »Mit dieser Frau will ich nichts zu tun haben.«

Sie erinnerte sich plötzlich an eine Situation in ihrer frühesten Kindheit. Sie war in dem Alter, als sie noch von der Mutter gefüttert wurde.

»Mutti saß ganz ruhig bei mir – ich kannte sie bewusst eigentlich nur in Hetze – und führte mir das Essen zu. Es war so wundervoll

zwischen ihr und mir, da war so viel unermessliche Liebe, dass ich als Kleinstkind den Entschluss fasste: ›Aus Liebe zur dir bin ich zu jedem Opfer bereit.‹ Dies kann ich heute in Worte fassen, damals war es eine vorverbale, existenzielle Entscheidung, die ich natürlich später im Wachbewusstsein nicht mehr so reflektieren konnte, die mich aber begleitete und mir fortan auch große Frustrationen bereitete, da ich sie nicht wirklich erfüllen konnte. Als ich als 3-Jährige versuchte, meine Mutter vor dem Ertrinken zu retten – ich war ihr hinterhergelaufen, als sie schwimmen wollte – musste ich gerettet werden. Dies ist wohl symptomatisch für mich und meine Opferbereitschaft geworden.«

Manche Menschen mögen jetzt einwenden, dass man sich unmöglich an ein derart frühes Kindheitserlebnis erinnern könne. Dem ist nicht so. Es ist ganz davon abhängig, wie weit sich jemand auf die eigene Innenwelt einlassen kann. Das ist einerseits sicherlich auch ein wenig eine Konstitutionsfrage der Sensibilität des Menschen, andererseits aber auch ein Ergebnis der meditativen Übungshaltung.

Karla war über alle Maßen von dieser Erkenntnis ihrer Liebes-Opfer-Entscheidung überrascht. Die wieder erfahrene Liebe zu ihrer Mutter war für sie überwältigend.

Da sie nun auf der Spur war zu forschen, wo ihre Liebe geblieben ist, ging das Eintauchen in Erinnerungen sogar noch weiter.

»Ich liege auf dem Wickeltisch als Baby. Dieses Baby hat zwar einen kleinen weichen Körper, jedoch es ist die Verkörperung der Liebe an sich. Das Eigentliche dieser Verkörperung ist dicke, dicke, grenzenlose Liebe. Da ist nun die Mutter, die mich, das Kind, wickeln muss. Vielleicht hat sie gerade gar keine Lust dazu, meine Windel sauber zu machen. Mir, in meiner Babyliebe, erscheint meine Mutter wie ein kleines schwarzes Kästchen,

in das ich nicht hineinpasse. Nun beginnt langsam der Weg des Kindes, sich dem Kästchen so anzupassen, dass es etwas in Kontakt kommen kann mit der Mutter. Und das geht auf Kosten der Liebe.«

Da dieses Liebespotenzial, das die Klientin in dieser Situation wieder erlebt hatte, keines aus einem persönlichen Ich ist, denn das ist in diesem Alter noch nicht vorhanden, bin ich geneigt anzunehmen, dass jedes Baby eine Verkörperung der Liebeskraft des Urgrundes ist eine Liebeskraft, die gerade versucht, ein Mensch zu werden.

Ob eine solche aufgedeckte und in der psychologischen Arbeit geklärte Beziehungsverstrickung sich real auswirkt, sollten wir immer überprüfen. Wir können das überprüfen, wenn wir der Mutter oder einer entsprechenden Ersatzperson, die das Mütterliche für uns repräsentiert, wieder begegnen. Bin ich freier geworden, fragen wir uns aufmerksam? Bin ich mehr ich selbst geworden in ihrer realen Gegenwart? Karla erzählt nach dem Besuch bei ihrer Mutter:

»Ja, ich war freier geworden . Kein Groll, keine Ablehnung, keine kritische Haltung ihr gegenüber. Wir gingen spazieren, und ich konnte ihr ganz frei erzählen, dass mir der Abschluss meiner Ausbildung, für die ich die Note ›Auszeichnung‹ bekommen hatte, nichts mehr wert war, weil sie diese Belobigung nicht wahrgenommen hatte. Spontan sagte sie: ›Das tut mir aber Leid.‹ Und alles war gut zwischen uns. Ich konnte ihr auch erzählen: › Mutti, ich habe immer versucht, dir so wenig Probleme wie möglich zu machen.‹ Sofort antwortete sie: ›Ja, das habe ich gemerkt.‹ Als ich nach der Aufdeckung meines Liebes- und Opferschwurs ihr schreiben konnte: ›Mutti, ich habe dich sehr lieb‹ , da schrieb sie sofort zurück: ›Ich habe dich immer geliebt.‹ Obwohl sie es nur in einem Brief schrieb, traten mir sofort die Tränen in die Augen.

Unsere Liebe war tatsächlich angekommen, jetzt, ganz direkt. Was will ich mehr.«

Sich die gegenseitige Liebe nicht mitzuteilen, ist in Familienstrukturen früherer Zeiten vielleicht typisch gewesen. Obwohl schon viel psychologisches Wissen vorhanden ist über die Zusammenhänge von Selbstwertgefühl und gegenseitiger Bestätigung, gibt es auch heute noch in den Familien leider mehr Kritik als gegenseitige Bestätigung. Die Auswirkung von zurückgehaltener Anerkennung und Liebeszuwendung ist oft eine Gebundenheit auf kindlicher Ebene. Dagegen fördert uns die gegenseitige Anerkennung und Bestätigung in unserem Prozess der seelischen Reifung.

Die eigene Sprache finden

Christian hat die Fähigkeit seiner Freundin bewundert, von sich, von den Bedürfnissen, den Gefühlen, von Wünschen und inneren Wahrnehmungen zu sprechen.

Christian sagt von sich, dass er vorwiegend sachlich redet oder doziert, dass er sich sehr unbeholfen fühlt, wenn er gefragt wird: »Wie geht es dir?« Früher hat das allerdings auch kaum jemand gefragt. Er hat an seiner Freundin erfahren, dass man auf so eine Frage auch anders als mit einer Floskel reagieren kann. Das hat ihm einerseits gefallen, andererseits hat es ihm seine Unbeholfenheit nur wieder stärker vor Augen geführt.

Ich schlage Christian eine Übung vor. Es ist eine Übung, die ihn in Zukunft begleiten kann, um seine Sprachfähigkeit im Kontakt zu sich selbst zu pflegen. Ich sage zu Christian: »Wir üben wahrzunehmen, was ist. Es ist immer etwas auf unserer inneren Bildfläche, das wir versprachlichen können. Damit komme ich in Kontakt mit mir und ich übe das zu sagen, was jetzt für mich wirklich ist. Ich mache es dir einmal vor:

Die ›Objekte‹ meiner Wahrnehmung sind jetzt zum Beispiel: mein Körper, mein Atem, mein Fühlen, mein Denken.«

Übung

Die eigene Sprache finden

Ich sitze auf dem Stuhl.

Ich spüre mein Gesäß im Kontakt mit dem Stuhl.

Die Kontaktfläche fühlt sich warm an.

Ich denke: »Was denkst du jetzt zu dem, was ich sage?«

Gerade habe ich meinen Atem angehalten.

Dabei spüre ich, wie der Hosenbund in der Taille nachgibt.

Während ich das denke und spüre, schauen meine Augen auf dich und ich sehe, wie aufmerksam du bist.

Ich höre ein leises Knacken des Stuhls.

Ich war gerade etwas unruhig.

Meinen Atem spüre ich jetzt.

Jetzt wird es still in mir und ich lausche.

Dann will Christian üben. Ich lege ihm die Hand auf die Schulter, er schließt die Augen und bemüht sich auszusprechen, was in ihm geschieht:

»Ich spüre die Wärme deiner Hand. Ich halte die Luft an. Ich denke – kommt da noch etwas. Mache ich es richtig. Es wird mir ein bisschen heiß, ich schwitze. Es ist mir unangenehm. Deine Hand ist wie ein Nest an meiner Schulter. Das ist schön für mich.«

Christians Kommentar nach der Übung ist:

»Ja, es fühlt sich gut an, einfach nur das so schlicht zu sagen. Da spüre ich wenigstens, es ist die Wahrheit, auch wenn es nichts Großartiges ist.«

Christian hat seinen umherschwirrenden Geist von äußeren Objekten abgezogen und auf sich selbst gerichtet. Das versammelt ihn. Das lässt ihn bei sich ankommen. Er nimmt sich wahr. Es ist eine Übung, die immer zur Verfügung steht, um sich zu sammeln. Erstaunlicherweise taucht immer wieder etwas auf aus dem einfachen Lebendig-Sein und obwohl es häufig so schlicht ist, kehren wir doch in angenehmer Weise innerlich bei uns ein.

Übung

Die eigene Sprache finden

Ich sammle mich.
Ich spüre mich.
Ich fühle mich.
Ich bin aufmerksam.
Ich lausche auf mich.
Ich höre auf mich.
Ich höre mir zu.
Ich komme ganz zu mir.
Ich öffne mich dem,
was auftauchen will.
Es kommt von innen,
von mir.
Will ich es mitteilen?
Will ich meine Beziehung
daran teilhaben lassen?
Will ich mit-teilen?

Furcht vor der eigenen Innenwelt

Menschen, die in ihrer Kindheit sehr lebhaft waren und deren Spontaneität und Vitalität stark reglementiert wurde, entwickeln mitunter eine ganz spezielle Furcht vor den eigenen seelischen Tiefen. Auch sind sie häufig sich selbst gegenüber eher abwertend als unterstützend.

Christian hat plötzlich die beunruhigende Idee:

»Wer weiß, wer ich wirklich bin, wenn ich in mich hineinschaue. Vielleicht kommt etwas ganz Schlimmes, Böses, Brutales dabei heraus.«

Manche Menschen bekommen auch die Fantasie einmal »die Sau raus lassen zu müssen«, ohne genau zu wissen, was das heißen könnte, da sie sich gleichzeitig »energiegebremst« darstellen.

Ich biete dann ein großes Blatt Papier an, gebe kräftige Stifte in die Hände und fordere auf, dem innerlich »Bösen«, dem »Dunklen« und der zurückgehaltenen Kraft einmal Ausdruck zu geben, so wie sie sich jetzt anfühlt.

Auch Christian macht diese Übung mit.

Mit dieser Zeichenübung haben wir die Möglichkeit, unsere Gefühlslandschaft zu diesem Thema sichtbar werden zu lassen, indem wir sie gleichzeitig bewusst durchleben. Dies ist ein weiterer Schritt, mit dem eigenen Seelenleben vertraut zu werden und sich nahe zu kommen.

Übung

Meine Innenwelt

Wir legen uns ein paar große Blätter Papier auf den Tisch zurecht oder benutzen ein schon vorhandenes Flipchart.
Das Papier auf dem Tisch mit Klebeband fixieren,
damit es nicht verrutscht beim Zeichnen.
In jede Hand einen kräftigen Bleistift oder Zeichenkohle nehmen.

Wir sammeln uns innerlich.
Die Augen schließen.
Dann ein wenig »dunkle Kraft« in sich erzeugen.
Sich etwas »böse« oder ärgerlich fühlen.
Sobald das Gefühl aufsteigt, es entsprechend kraftvoll ausdrücken.
Die Augen können dabei erst einmal geschlossen bleiben.
Es entwickeln sich von innen geführte Bewegungen,
denen wir mit den Stiften so lange Ausdruck verleihen,
bis sich das Gefühl wieder verändert.
Wenn wir sehr dynamisch sind,
kann dabei das Papier auch einreißen.
Wir zeichnen trotzdem weiter, so lange das Bedürfnis anhält.
Dann schauen wir, wie das Bild aussieht,
und lassen uns von der Zeichnung zu Assoziationen anregen.

Dabei achten wir besonders auf den ersten Eindruck,
den die Zeichnung in uns hervorruft,
nachdem wir die Augen geöffnet haben.

Wie nenne ich das Bild?
Welches Gefühl drückt es aus?
An was erinnert es mich?
Was habe ich während des Zeichnens innerlich durchlebt?

Das Ergebnis der Übung und die angeklungenen Emotionen regen meist zu einer neuen Zeichnung an. Die Übung so lange wiederholen, bis das Gefühl aufkommt, dass das Thema einen vorläufigen Abschluss gefunden hat. Die Zeichnungen sind zugleich Anschauungsmaterial und Selbsterkenntnis. Wenn der Zeichenprozess »rund« geworden ist, teilt sich dies meist durch eine gewisse Zufriedenheit mit.

So projiziere ich Aspekte meiner Innenwelt nach außen, schaue sie mir an und werde vertraut mit den Nuancen meiner seelischen Verfassung, wie sie sich ständig wandelt.

合

Innenwelt

Es gehört auch
zu mir
das Dunkle
mein Dunkles.
Das Böse,
mein Böses.
Der Ärger,
mein Ärger.
Ich bin auch
in meinem
großen
        NEIN.
Damals
hätte ich es sagen sollen,
kraftvoll.
Jetzt
sage ich es nachträglich,
        NEIN.
Damals
hatte ich Angst vor ihr,
jetzt schaue ich sie fest an,
        NEIN.

Es macht mich groß
dieses NEIN,
mein NEIN.
Es macht mich erwachsen,
dieses NEIN.
Gleichrangig,
auf Augenhöhe.
»Deine Rede sei
ja, ja,
nein, nein.«
Jetzt ist sie
        NEIN.
Meine Rede.
Ich hatte mich verloren
im grenzenlosen
JA-Sagen.
Es war
eine falsche Größe.
Jetzt hole ich es nach:
        NEIN NEIN NEIN.

Kommt auch das NEIN
aus der Wesensnatur?
        JA.

Nein

Kritik

Christian kommt in die Stunde und ist ungewöhnlich aufgeregt. Er redet wie ein Wasserfall. Es sprudelt nur so aus ihm heraus, wie unmöglich sein Professor ist, wie ärgerlich ihn die Kommilitonen machen, in der Wohngemeinschaft hat er Zoff und überhaupt, die ganze Universität sei lebensfremd.

Ich schaue ihn fast ein wenig belustigt an.

Schau an, denke ich, sobald er kritisch ist, ist er plötzlich sprachbegabt. Da fehlen ihm nicht die Worte.

Als er merkt, dass ich ihn nicht so ganz ernst nehmen will, verliert er den Elan.

Er schaut mich etwas Hilfe suchend an. Erwartet er, dass ich in seine wütende Klage einstimme?

Ich sage: *»Du fühlst dich nicht gut?«*

Erstaunen, Ratlosigkeit.
Ich möchte wissen:
»Was ist der eigentliche Grund dafür, dass du deine ganze Umwelt durch diese kritische Brille siehst?«

Noch immer Ratlosigkeit.

Ich hake nach: *»Nach meiner Erfahrung dient so eine Schimpferei dazu, sich aufzumandeln, um etwas zu verdecken, was im eigenen Verantwortungsbereich liegt.«*

Christian fragt nach: *»Du meinst, es ist wie das Imponiergehabe, das Aufmandeln, weil man sich eigentlich klein fühlt?«*

Ich frage: *»Kann es sein, dass du dich mit einem bestimmten Thema eigentlich klein, oder nicht in Ordnung fühlst?«*

Christian denkt nach: *»Ich habe meine Seminararbeit auf den letzten Drücker gemacht. Sie ist nicht so geworden, wie ich sie mir eigentlich vorgestellt hatte. Ich hatte ein tolles Thema, das ich mir selbst ausgesucht habe. Ich dachte, es wird eine Einserarbeit. Ich habe es schlecht gemacht. Ich bin so abgrundtief enttäuscht.«*

Ich gebe zu bedenken:

»Ist das nicht interessant? Ist es nicht interessant, so einen Zusammenhang bei sich zu erkennen? Auch wenn wir dann mal bewusst die schlechten Gefühle in uns aushalten müssen? Du hast deinen Teil erkannt, der zu deinem Rundumschlag geführt hat. Wie geht es dir jetzt, wenn du an die Kommilitonen denkst, mit denen du in der Wohngemeinschaft lebst?«

Christian besinnt sich. Er kämpft noch mit den unangenehmen Gefühlen.

»Ich werde es meinen Mitbewohnern erklären, heute Abend. So möchte ich sie eigentlich nicht behandeln.«

合

Beziehungsmüll

Der normale
unsortierte
Beziehungsmüll:

Kränkende Worte,
frisch gehalten im inneren Tiefkühlfach.
Schmerzendes Missverständnis
von gestern,
verewigt im Eis.
Demütigung,
die stichhaltige
verletzende Antwort,
aufgehoben für morgen.

Ab-gasende Hasstiraden,
Gestank der üblen Nachrede.

Wortkämpfe
ums Rechthaben.
Besserwisserischer Eifer
ums Klügersein.

Gierkämpfe
ums Mehrhaben,
ums Mehr-Sein.
Rachegelüste
wegen
entgangenem Liebesgewinn.

Welch ein Schauplatz.
Jeder lässt etwas liegen
zwischen
den Beziehungen.
Mülleinander.

Müllsortierung
ist angesagt.
Die Beteiligten
nehmen das Eigene
wieder an sich.

Unsere Mitte
bleibt völlig unberührt.

Eifersucht

Christian will über seine Eifersucht sprechen. Er kennt Eifersucht aus seiner Liebesbeziehung. Er spürt jedoch auch ganz schnell ein wenig Eifersucht, wenn er den Eindruck hat, dass sich der Meditationslehrer mit einer Person besonders beschäftigt.

Ihm fällt auf, dass das Wort schon gut ausdrückt, wie er sich erlebt, wenn er eifersüchtig ist. Er meint, er ist darauf aus, um den besseren Platz, um den höheren Wert zu eifern, sobald ein anderer scheinbar der Bessere, der Wertvollere, der Liebenswertere ist.

Anstatt weiter über das Thema zu philosophieren, lade ich Christian nach unserer bekannten Vorgehensweise ein, ein wenig das Gefühl »Eifersucht« in sich zu erzeugen.

Christian zögert jedoch.

Er meint: *»Eifersucht ist ein Gefühl, das ich nicht haben möchte. Ich kann mir nicht vorstellen, dass jemand dieses Gefühl gerne hat.«*

Ich frage, inwiefern es ihm nützt, dass er das Gefühl nicht haben möchte.

Er entgegnet: *»Normalerweise bittet man doch seinen Partner, sich so zu verhalten, dass man nicht eifersüchtig wird.«*

Ich frage, ob er durch die Verhaltensänderung des Partners Fortschritte machen kann, dem Leidensdruck mit diesem Gefühl zu entwachsen.

Schließlich ist Christian bereit, sich dem Gefühl »Eifersucht« zu stellen.

Er schließt die Augen, sammelt sich und spürt nach innen. Nach einer Zeit der Selbstwahrnehmung sagt er:

»*Es ist eines der schlimmsten Gefühle, das ich kenne. Es fühlt sich in mir an wie brodelnde, stinkende, hitzige Scheiße. Es sticht mich von innen, ich fühle mich wie der letzte Dreck. Ich bin nichts mehr wert. Meine Gedanken tun mir auch noch weh, wenn ich das alles denke, was ich fühle. Es raubt mir den Atem, es krallt sich fest in meinen Eingeweiden. Ich fühle mich wie ausgekotzt.*«

Christian ist mutig, dieses Gefühl so zu erforschen.

Ich frage ihn:

»*Wenn du dich von diesem Gefühl leiten lässt und dich dafür öffnest, wohin zurück in deiner Lebensgeschichte es dich führt, was taucht auf, welche Erinnerung, welch inneres Bild taucht auf? In welchem Zusammenhang hast du dieses Gefühl kennengelernt?*«

Christian bleibt eine Weile still in sich konzentriert.«

Dann erzählt er: »*Vati kommt zum Wochenende nach Hause. Ich bin etwa sechs Jahre alt. Ich darf im Ehebett schlafen, wenn er weg ist. Sobald Vati nach Hause kommt, werde ich weggeschickt. Einfach so, zurück in mein Zimmer. Ich bin abgeschrieben, verjagt, ausgesetzt. Ich bin nicht mehr erwünscht. Ich bin auf einmal unwichtig. Es ist ein scheußliches Gefühl.*«

Ich kann das gut nachvollziehen. Christian ist noch immer mit geschlossenen Augen innerlich in seinem Zustand wie als 6-Jähriger.

Ich sage zu ihm: »*Ich spreche jetzt mal anstelle deiner Mutter zu dem 6-Jährigen. Also Christian, es ist sehr schön für mich, wenn du neben mir im Ehebett liegst. Aber jetzt kommt der Vati nach Hause, und der möchte es auch mal schön haben. Der ist die ganze Woche auf der Baustelle und muss alleine auf einer ganz schmalen Pritsche schlafen, so wie im Krieg damals. Manchmal friert er sogar. Ich möchte, dass er es jetzt am Wochenende schön warm und kuschelig hat. Du kennst das ja. Ich möchte, dass du ihm jetzt deinen Platz gibst und nächste Woche kommst du dann wieder zu mir. So haben wir alles gut verteilt. Ich möchte, dass du das akzeptierst und in dein Zimmer gehst. Ich werde dich noch zudecken und dir einen Gutenachtkuss geben.*«

Christian hat mit geschlossenen Augen genau gehört, was die »innere Mutter« ihm erklärt hat.

Dann öffnet er die Augen und sagt: »*Das fühlt sich gut an. So hätte meine Mutter eigentlich die Situation klären müssen. Das wäre nur natürlich gewesen. Das Beste ist, dass ich mich ernst genommen fühle, auch wenn sie mir etwas abverlangt. Ich muss zwar verzichten, aber sie anerkennt, dass es ein Verzicht ist für mich, das ist das Gute. Vor allem, sie geht auf meine Gefühle ein. Ich fühle mich etwas erwachsener. Sozusagen belastbar. Das macht mich stärker.*«

Christian wird seine Eifersucht noch nicht völlig überwunden haben. Ein Fortschritt besteht jedoch allein darin, dass er das Gefühl so bewusst durchlebt hat. Er braucht sich zukünftig diesem Gefühl nicht mehr kindhaft ausgeliefert fühlen. Er kennt nun einige Zusammenhänge, er weiß, dass er 6-jährig war, als er diese Eifersucht spüren lernte.

Ich erinnere mich an eine Klientin, die mir erzählte, welchen Weg sie mit ihrer Eifersucht gefunden hat. Sie sagte, dass sie dieses scheußliche Gefühl in ein Päckchen gepackt und in den Weltraum geschossen hat. Es würde bei ihr immer funktionieren. Sobald sie es weggeschickt hat, würde sie sich anschließend viel deutlicher spüren, meinte sie. Sie würde dann zu sich selbst immer wieder sagen: »Ich stehe zu mir.« Es würde ihr helfen, wieder zu sich zu kommen, denn mit sich selbst müsste sie doch auf jeden Fall leben können.

Wenn wir ein solch problematisches Gefühl als spirituelle Übung akzeptieren, so steht es an zu sagen: »Ich nehme es, ich nehme diese Lebensqualität an, so wie sie sich jetzt anfühlt.« Die Wandlung geschieht dann ganz von allein ohne mein Zutun.

合

Zu sich stehen.

Wer bin ich,
wenn ich mich schlecht fühle?
Bin ich schlecht?
Kann ich dieses Gefühl
aushalten,
ohne etwas zu tun,
kann ich es anschauen,
kann ich bei mir bleiben,
obwohl
ich mich schlecht fühle?
Bin ich schlecht
oder
fühle ich mich jetzt

nur so?
Auch mit diesen
schlimmen Gefühlen
bin ich da.
Ich sage:
»Ich stehe zu mir«,
so wie ich jetzt da bin.
Ich bin da.

Übung

Eifersucht

Das Zeichenpapier vorbereiten.
Die Stifte/Kohle zurechtlegen.
Sich auf einen Stuhl setzen.
Sich sammeln.
Die Augen schließen.
Nach innen spüren.
Sich leer machen
wie eine leere Leinwand.
Den Kontakt spüren
zwischen Gesäß und Stuhl.
Wach aufmerksam nach innen gerichtet bleiben.

Dann ein wenig das Gefühl von
Eifersucht in sich erzeugen.
Genau lokalisieren,
wo im Körper es spürbar ist.
Hinatmen zu dem Gefühl.

Mit den Zeichenstiften
dem inneren Zustand Ausdruck geben.
So lange zeichnen, bis sich etwas verändert.

Die Augen öffnen.
Was ist der erste Gedanke,
wenn ich das Bild sehe?
Was ist der zweite Gedanke?
Was möchte ich aufschreiben?

Dann die Übung wiederholen.
So lange wiederholen,
bis ich etwas verstanden habe,
bis ein kleiner Prozess
abgerundet ist.
Vielleicht
zeichnet sich dann eine Gebärde
auf das Papier,
die alles überschritten hat,
überschritten
in einen anderen Raum,
in ein anderes Sein.

Regeneration

Christian ist überarbeitet. Er hat sich in der Endphase seiner Diplomarbeit nur noch mit seinem wissenschaftlichen Thema befasst. Er hat über Wochen sich mit nichts anderem mehr beschäftigt als mit dieser intellektuellen Arbeit. Die Alltagsaktivitäten inklusive der Nahrungsaufnahme und seine sozialen Bezüge hat er auf ein Minimum reduziert.

Nun kommt er in die Praxis und erzählt von Schlafstörungen. Er berichtet, dass ihn die Gedanken nicht mehr loslassen, dass er völlig fasziniert ist von seiner Arbeit, dass er jedoch auch das Gefühl hat, dass ihn diese wochenlange einseitige Belastung mehr und mehr auszehrt. Er sagt, dass sich seine Kollegen teilweise mit Alkohol und Schlaftabletten »runterholen« von ihrem Trip.

Er sagt: *»Ich habe einmal gehört, dass es manchmal Musikern so geht, die komponieren, dass sie nur noch Musik im Kopf haben. Dass sie sich getrieben fühlen von dieser Musik im Kopf und dass ein Thema das andere jagt, bis sie sich selbst als Gejagte fühlen. Sie ähnlich fühle ich mich. Es ist auch ambivalent. Einerseits gefällt es mir, so dynamisch zu arbeiten, so kreativ zu sein, so fasziniert. Andererseits fühle ich mich völlig überspannt und kann nicht mehr loslassen.«*

Ich erzähle Christian, dass ich eine Kommilitonin hatte, die während ihrer wissenschaftlichen Arbeit drei Wochen lang nicht mehr geschlafen hatte. Auch sie war begeistert von dem Schaffensdrang, den sie während dieser Zeit erlebte. Auch sie war fasziniert von den Energien, die sie mobilisieren konnte.

Dazu wurde sie auch noch von Emotionen angetrieben, einem alten Freund etwas beweisen zu wollen. Jedoch, eines Tages fing ihr Körper an zu zittern. Sie hatte zu sehr Raubbau betrieben mit sich.

Ich schlage Christian wieder eine kleine Zeichenübung vor. Es ist eine Übung, um die zu einseitige Arbeit mit der linken Gehirnhälfte durch die Aktivierung der rechten Gehirnhälfte wieder auszugleichen. Wir gehen durch eine kleine Regression und beobachten, ob es ihm bei seiner Regeneration helfen kann.

(Übung siehe folgende Seite.)

Christians Kommentar nach der Übung:

»Ich habe mich wirklich gefühlt wie in der ersten Schulklasse. Erst habe ich mit Druckbuchstaben geschrieben. Da habe ich mich noch ziemlich kontrolliert. Dann habe ich es laufen lassen. Es war mir egal, ob ich chaotisch übereinander schreibe. Ich bin immer langsamer geworden. Es war schön. Es ist sehr sinnlich gewesen. Ich wusste gar nicht mehr, dass man innerlich so viel Zeit spürt, wenn man sich wie ein Kind fühlt. Ja, ich habe mich wie ein Kind gefühlt. Sehr angenehm. Ohne Hetze. Fast fühle ich mich gerade ein wenig sentimental über dieses vergessene Gefühl des genießenden kindlichen Seins.«

Übung

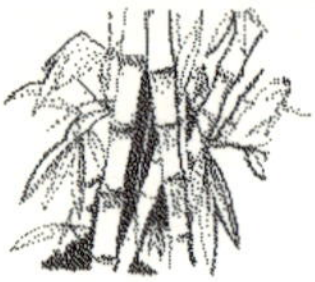

Kritzeln wie ein Kind

Sich ein großes Zeichenblatt zurechtlegen.
Wir fixieren es wieder mit Klebeband.
Sich mit geschlossenen Augen hinsetzen.
Sich ein wenig nach innen einspüren.
In den Leib schauen, der vom Atem bewegt wird.
Sich einen Moment leer machen.

Dann mit der schreibungewohnten Hand den Stift nehmen.
Es kann ein dicker Stift sein,
wie ein Kinderstift für einen Erstklässler.

Dann mit geschlossenen Augen
mit der schreibungewohnten Hand
den eigenen Vornamen auf das Papier schreiben.
Mehrmals.
Lange wiederholen.
Verschiedene Schreibstile ausprobieren,
wie es einem in den Sinn kommt.

(Wer gerade kein Papier zur Verfügung hat,
mag diese Schreibübung in die Luft malen.
Wir sehen zwar nicht den Effekt,
jedoch spüren wir ihn.)

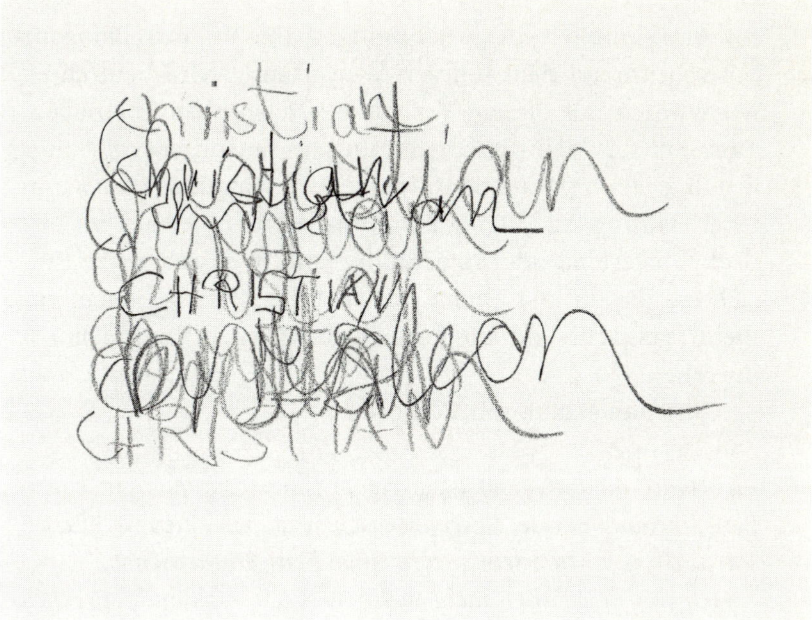
Christian
CHRISTIAN

Ehrlichkeit

Aufmerksame Selbstwahrnehmung ist eine Voraussetzung für Fortschritte auf dem inneren Weg. Häufig wird befürchtet, wir würden mit diesem Verhalten »Nabelschau« betreiben. Tatsächlich ist Selbstwahrnehmung eine anspruchsvolle, notwendige Übung. Wichtig ist hier jedoch vor allem, dass wir in einer Haltung der Offenheit auf uns schauen. Sobald wir kritisch, abwertend oder ungeduldig sind, werden unsere Einsichten, die oft erst einmal zarten Pflänzchen gleichen, zunichte gemacht und wir können nicht fruchtbar mit ihnen umgehen.

Christian erzählt mir Folgendes:

»Ich hatte die Gelegenheit zu einem Einzelgespräch mit einem Benediktinerpater. In diesem Menschen sah ich einen wirklichen spirituellen, einen erleuchteten, einen heiligen Menschen.

Ich weiß eigentlich nicht mehr, was ich mit ihm besprechen wollte, sicherlich ging es mir um die Meditation. Ich weiß aber noch den Effekt unserer Begegnung. Ich fühlte mich zutiefst unzufrieden, ja geradezu frustriert. Ich hatte eine Chance gehabt und ich hatte sie verpasst.«

Ich frage nach, worin genau er die verpasste Chance sieht.

Er meint:

»Ich hatte nicht wirklich das gesagt, was ich sagen wollte. Irgendwie habe ich nicht die Wahrheit gesagt. Aber was war die Wahrheit, die ich sagen wollte. Es lag eine Art Verbot auf meiner

Wahrheit, auf meiner ganz persönlichen Wahrheit und ich hatte mich so verhalten wie ich glaubte, dass erwartet wurde, wie ich mich verhalten soll.«

Woran er erkannt habe, dass er nicht richtig die Wahrheit gesagt hat, möchte ich wissen.

»Ich hatte am Schluss ein höchst unangenehmes Gefühl der Unstimmigkeit mit mir selbst. Grässlich fühlte sich das an. Ich wurde richtig wütend und zornig auf mich. Wie kann man sich selbst nur so verfehlen. Das war das Gegenteil von Ehrlichkeit, wie ich mich gegeben hatte. Eigentlich war es einfach peinlich, ich war voll Scham. Ich erinnerte mich, dass meine Mutter früher immer irgendwie ›falsch‹ wurde, sobald sie mit einem Geistlichen redete. Damals, als ich Kind war, verachtete ich sie ein wenig dafür. Und nun erlebte ich an mir, dass auch ich ›falsch‹ wurde. Mein Gott, muss ich denn alles nachmachen? Ich wusste, dass ich einmal in meinem Leben wahrhaftig war, ich wusste noch genau, dass es sich gut anfühlte. Jetzt bemerkte ich, dass ich mir meine Wahrheit irgendwie, aus welchen Gründen auch immer, abgewöhnt hatte.«

Diese Not kenne ich von vielen Gesprächen mit Klienten. Wir erfahren hier eine Selbstentfremdung, weil wir verlernt oder nicht recht gelernt haben, nach innen auf uns selbst zu horchen, oft als ein Ergebnis einer zu starken Anpassung an von außen auferlegte Verhaltenserwartungen.

合

Darf ich von mir sprechen?

Darf ich von mir sprechen?
Bin ich
mit meinen Nöten
und Fragen
nicht vielleicht
zu unwesentlich?
Ist das nicht
alles nur subjektiv,
bedeutungslos,
meine Lebensfragen?
Meine Fragen danach,
wie das Leben richtig sein soll,
oder
ob es
ein besseres Leben gibt,
ein einfacheres,
eines,
das weniger mit Leiden behaftet ist.
»Ich habe gedacht …«
»Dochte sind keine Lichte …«,
antwortet die verinnerlichte Stimme der Mutter,
getreu des pragmatischen
Erziehungskonzeptes, gültig ist nur,

was nützlich ist
oder wenigstens objektiv,
sachlich.
Glaube ich denn das noch?
Kann ich sachlich sein
mit mir
wie mit einem Gegenstand ?
Will ich das?

»... geh aus deinem Land,
aus der Trübung,
die deine Mutter dir
angetan hat.«
Ich muss nun
mich selbst fragen,
mich selbst befragen,
mich selbst erfragen.
Gründlich mir
auf den Grund gehen
zu meinen
wahrhaftigen
eigenen Gedanken
und Bedürfnissen.
Ehrlich
mir selbst gegenüber.
Auch dem Bedürfnis folgen,
meine persönliche Mitte
zu erkunden.

Befreiung abgeschnittener Kreativität

Karla kommt mit einem Traum zu mir, den sie alleine nicht deuten kann. Karla hat schon während ihrer therapeutischen Ausbildung eine Lehranalyse gemacht. Auch gefördert durch die Meditation tauchen aus den Tiefenschichten ihrer Seele immer wieder Themen auf, die entschlüsselt und integriert werden wollen. Solche Themen haben vor allen Dingen dann Chancen verstanden zu werden, wenn der Mensch nicht aufgehört hat, sich aktiv um den Weg seiner persönlichen Reifung zu bemühen und bereit zu Verhaltensänderungen ist. Sie erzählt mir den Traum.

»Ich bin unterwegs. Ich bekomme eine Wegzehrung mit, und zwar ein gebratenes Schwein, in rechteckige Stücke geschnitten, gut paniert und kross gebraten, appetitlich, nur so groß wie ein größeres Stullenpaket. Oben drauf liegt jedoch ein Schweinepenis; er ist in der Mitte durchgeschnitten. Auch er ist paniert und kross gebraten, wie frittiert. Ich beginne an einer Hälfte des Schweinepenis zu essen und zwar oben an der Eichel – peinlich –, mit › langen Zähnen‹ etwas widerwillig. Ich kriege nur ein wenig Fleisch ab, ist ja auch nicht viel dran, und merke das Knochen- oder Knorpelgerüst darunter. Ich verstehe nicht, was mir das sagen will. Ich fühle mich von dem ganzen Traum unangenehm, peinlich berührt. Es kostet mich Überwindung, ihn überhaupt zu erzählen.«

Als Erstes schlage ich ihr vor: *»Wiederhole noch einmal den ersten Satz.«*

Sie tut es: *»Ich bin unterwegs.«*

Ich sage: *»Sage das mal so, wie es wirklich ist. Was heißt das wirklich für dich?«*

Karla: *»Na, ›ich bin auf meinem Weg‹ heißt, dass ich mein Leben lebe. Ich gehe meinen Weg. An sich denke ich, dass ich meinen Weg gefunden habe. Ich gehe ihn. Ich denke, ich bin da richtig, ich muss ihn so gehen, wie ich das tue. Es war schwer genug, ihn mir so weit zu erobern.«*

Ich bestätige: »Das ist sehr gut, das denke ich auch. Was für eine Wegzehrung hast du für deinen Weg mitbekommen und von wem?«

Karla: *»Ein Schwein ist ja an sich etwas Deftiges, also habe ich eigentlich eine gute Ausstattung mitbekommen, ich denke auch, dass ich viele Begabungen habe. Aber ich nage ja nur – oder noch? – an dem panierten Penis, der auch noch durchgeschnitten ist, und wo ich nur so ein bisschen von abkriege.«*

Ich frage nach: *»Wofür steht denn ein Penis?«*

Karla sofort: *»Für zeugen, für Kreativität, für kreieren, für Leben spenden.«*

Ich frage: *»Und wie spendest du mit diesem Penis Leben?«*

Spontan sagt sie: *»Bescheiden, ärmlich, karg.«*

Eine Weile assoziiert Karla weiter, was ihr zu »Penis« einfällt. Schließlich kommt sie zu ihrer Kreativität, zu ihrer Lehrtätigkeit und wie wohl sie sich dabei fühlt, so ins Detail zu gehen. Dann erinnert sie sich, wie lebendig und kreativ sie sich fühlte in der Diskussion nach dem letzten Vortrag. Aufgrund der Einladung, in dieses Gefühl mehr hineinzugehen, sagt sie:

»Es kommt eine furchtbare Spannung in meinen Nacken, den gesamten Rücken entlang. Ich denke, jetzt wird es unheimlich gefährlich.«

Sie bleibt innerlich mit den Spannungen in Kontakt. Dann fließen die Tränen, fast lautlos. Sie kann offenbar die Trauer jetzt nicht in Worte fassen. Sie kann sich die Zeit nehmen, die sie jetzt braucht, um ihren Gefühlen Raum zu geben.

Dann sagt sie: »*Ich erinnere mich, wie leidenschaftlich ich als Kind gesungen habe, dass ich mein ganzes Herz hineingelegt habe, und dass es dann plötzlich abgeschnitten (durchgeschnittener Penis?!) war. Um die Bedeutung der Worte nicht mehr zu spüren und die damit verbundenen Gefühle, habe ich als Kind versucht eine Trennung zu machen.*

Ich habe Mühe mich zu öffnen für das Ereignis, das dazugehört. Ich denke immer nur ›ich komme nicht dran, es ist zu gefährlich‹. Mein Rücken und Nacken sind jetzt steinhart geworden.«

Ich schlage Karla vor, nur mit den Augen zu gucken, das heißt, sich jetzt von den Gefühlen nicht zu sehr in Anspruch nehmen zu lassen, sie etwas zu dämpfen, um wirklich hinsehen zu können.

Dann kann sie weitersprechen:

»*Es geht darum, meine leidenschaftlichen Herzensangelegenheiten Mutti zu zeigen. Die Szene ist, dass ich – mal wieder – herzzerreißend weinen muss, ich bin ca. acht Jahre alt und wir sind noch nicht lange wieder mit Vati zusammen. Ich bin so voll Spannung und Trauer, dass ich sogar zu Mutti laufe, obwohl ich weiß, dass sie mich noch nie getröstet hat und von meinem Weinen immer genervt war. Die haut mir dann eine Ohrfeige ins Gesicht. Damit ist mein leidenschaftliches Gefühl abgeschnitten.*

Die Schlussfolgerung war für mich sofort: Wenn ich leidenschaftlich ich selbst bin, bin ich für Mutti zu groß, irgendwie gefährlich. Ich muss es abschneiden, um es nicht zu fühlen, um nicht darüber zu sprechen, was mich innerlich so intensiv bewegt.«

Ich frage Karla, ob sie das jetzt der inneren Mutter erklären will. Nach kurzem Zögern sagt sie:

»Mutti besteht selbst nur aus Spannung. Sie kann mich nicht ertragen mit meinen Gefühlen. Es geht nicht. Ich glaube, sie hat selber alles abgeschnitten. Ich bin ihr zu viel, ich bin zu lebendig.«

Ich frage Karla: »Ist es vielleicht so: *Mutti, dir zu Liebe halte ich meine Leidenschaft zurück.«*

Karla stimmt zu: *»Ja, das stimmt. Ich versuche es. Ich versuche mein leidenschaftliches Leben abzuschneiden, zurückzuhalten, auch wenn ich dabei ganz ungenießbar knallhart werde.*

Ich verstehe es jetzt so: Wenn ich ganz ich selbst bin, dynamisch, kreativ, mutig, lauert im Unbewussten die Angst, dass ich wieder ›abgeschnitten‹ werden könnte oder dass ich mich dann selbst stoppe. Dazu fällt mir ein, dass ich bei meinen Vorträgen oft gemerkt habe, wie mein Nacken anfängt aus Spannung zu zittern, als würde ich jeden Moment einen Schlag erwarten.

Der Satz zu Mutti ist wirklich gut.«

Ich erinnere noch einmal an den ersten Satz ihres Traumes.

Karla wiederholt ihn noch einmal: *»›Ich bin unterwegs.‹ Ja, das ist gut. Das Leben ist noch immer da von Kopf bis Fuß. Ich glaube, ich werde jetzt meine Wegzehrung von dem ganzen kross gebratenen, deftig saftigen Schweinebraten beziehen. Schamlos, mich davon nähren und mit meiner ganzen Leidenschaft meinen Weg gehen. Meine innere Mutter braucht keine Angst mehr vor mir zu haben. Leidenschaft gehört zu meinem Leben und ich habe viele Formen für sie gefunden. Leidenschaft ist ein Teil von mir selbst. Ich denke an eine Warnung aus der Bibel, in der es heißt, dass wir nicht ›lasch‹ oder ›lau‹ sein sollen. Nein, ich bin nicht lasch. In meinem Wesen bin ich vollblütig vom Leben begeistert und möchte auch begeistern. Was für ein schönes Wort, be-geistern, be-seelen. Ich erinnere mich auch, dass es irgendwo in einem spirituellen Buch heißt, dass derjenige, der sich nicht in einem Orgasmus hingeben kann, auch keine Erleuchtung erfahren* *kann. Die Voraussetzung für beide Erfahrungsebenen ist wohl die gleiche, den Mut sein kontrollierendes Ich loszulassen und das volle Leben durchzulassen.«*

Karla hat die Brücken gebaut zwischen den verschlüsselten Symbolen ihres Traumes zu ihrem Selbstverständnis. Nebenbei hat sie noch einiges über ihre verinnerlichte Mutterbeziehung geklärt. Sie hat verstanden, womit ihre Spannungsschmerzen im Nacken und Rücken aufgeladen waren. Sie wird ganz sicher etwas Spannung im Körper abgeschmolzen haben und dadurch wieder durchlässiger geworden sein für ihr lebendiges Leben.

合

Meine Lebendigkeit

Wie erlebe ich
meine Lebendigkeit?
Wie gebe ich dem Leben
Ausdruck?
Was lebt mich?
Welche Ansichten
und

Einsichten
leben durch mich?
Welche Erbschaft,
welche Botschaften,
an die ich glaube,
trage ich mit mir herum?
Wer schaut durch meine Augen?
Wer fühlt durch meine Gefühle?
Wer denkt mein Denken?
Wer bewohnt diesen Körper
und wie
bewohnt er ihn?
Lebendig
oder voll einschränkender
Überspannung?
Wage ich es,
mich zu öffnen,
hin
zum lebendigen
intensiven Leben?

Unter der Wasseroberfläche des Tagesbewusstseins

Christian möchte Erfahrungen mit der meditativen Stilleübung machen. Er erlebt sich selbst als sehr unruhig und kann sich kaum vorstellen, wie sich das ändern könnte.

Ich biete ihm eine sehr einfache kleine Übung an.

Ich nehme eine Eieruhr oder eine Uhr, auf der sich kurze Zeiteinheiten einstellen lassen. Wir setzen uns auf einen Stuhl, auf ein niedriges Bänkchen oder auf ein Kissen auf dem Boden. Wir sitzen mit dem Gesicht zur leeren Wand, etwa einen halben Meter entfernt, oder vor einer Ecke des Raumes. Wenn wir so sitzen, kann sich das Gefühl einstellen, in einer schützenden Höhle zu sein.

Wir setzen uns aufrecht hin.

Indem wir das Becken ein wenig nach vorne kippen, bekommt der Bauch Freiheit für einen freien Atemfluss.

Der Kopf thront auf den Schultern, das Kinn ist etwas herangezogen, die Ohren parallel zu den Schultern, die Nase senkrecht über dem Nabel.

Wir richten uns in unserer Wirbelsäule auf.

In dieser Aufrichtung entspannen wir uns, lassen uns innerlich los, ohne jedoch körperlich zusammenzusinken.

Übung

Der Atem strömt

Den Blick absenken,
die Augenlider entspannen.
Nach innen schauen
auf den Atem.
Sich im Körper spüren.
Ein Teil der Aufmerksamkeit
spürt immer den Körper, den atmenden Leib.

Den Atem spüren.
Den Atem wahrnehmen, ohne ihn zu beeinflussen.
Ich stelle die Uhr auf fünf Minuten ein.
Sacht und aufmerksam mit dem Ausatem mitströmen
und ihn dabei zählen.
Mit dem Ausatem – eiiiiiiiinnnnnnnsssss
Ausatem – zweiiiiiiiiiiii
Dreiiiiiiiiiiiiiii
Viiiiiiiiiiiiiiiier
Füüüüüüüüüünf
Seeeeeeeeeeeechs
Siiiiiiiiiiiiiiieben
Aaaaaaaaaaaacht
Neueueueueueuen
Zeeeeeeeeeeeehn

Eiiiiiiiiiiiiiiiiiiins

Zweiiiiiiiiiiiiiiiiii

Dreiiiiiiiiiiiiiiiiiii

Viiiiiiiiiiiiiiiiiiiier

Füüüüüüüüüüüüüünf

Seeeeeeeeeeeeechs

Siiiiiiiiiiiiiiiiiiieben

Aaaaaaaaaaaaaaacht

Neuuuuuuuuuuuuuun

Zeeeeeeeeeeeeeeehn

Wir bleiben bei diesem schlichten Zählen des Ausatems. Wir bleiben ganz wach bei dieser Übung. Während wir so mit dem Atem mitgehen, wecken und verfeinern wir unsere Sinne. Wir bündeln sie in uns, sanft und fest. Sofern wir abgeschweift sind und uns bei elf oder zwölf oder hundert wiederfinden, kehren wir zurück. Ohne jeden inneren Kommentar. Wir spüren den Moment, »weg« zu sein, kommen jedoch einfach wieder zurück zur Übung.

Es bedarf keiner besonderen Anstrengung, die irgendeine Muskelkraft erfordern würde. Einfach, waches stilles Bei-sich-Sein.

Da ist das Signal der Uhr.
Wie bin ich jetzt da?
Was für eine Erfahrung habe ich gemacht?

Christian: *»Es war gut. Ich fühle mich richtig erfrischt. Das können wir gerne noch einmal wiederholen.«*

Wir wiederholen die Übung für weitere zehn Minuten. Das Atemzählen ist eine klassische Anfangsübung. Es kann uns ein Gefühl geben für die nüchterne Wachheit, die einzuüben das Ziel ist. Das Atemzählen kann in ein inneres Mitfließen, Mitströmen mit dem Atemfluss übergehen. Ich kenne erfahrene Menschen, die immer wieder mit dem Atemzählen ihre innere Sammlung einleiten, bis sie in die Tiefe kommen, und dann einfach mit dem Atem mitgehen.

Einsicht »Weltenatem«

Ich richte mich dahin aus,
Wo mein Atem herkommt.
Ich bin
Der große
Weltenatem.
Ich bin
Der eine
Einzige Atem.

Übung

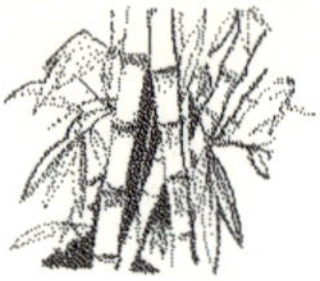

Balance finden

Ich sitze auf einem hohen Stab.
Die Fläche, auf der ich sitze, ist etwa ein mal ein Meter groß.
Ich halte diesen langen Stab im Gleichgewicht, indem ich ruhig sitze.
Ich beruhige mich durch mein gleichmäßiges Ein- und Ausatmen.
Wenn ich mir Sorgen mache, wenn ich mir Angst mache,
werde ich unruhig und der Stab kommt ins Wanken.
Wenn ich mich entspanne,
ohne zusammenzusinken,
wenn ich ruhig ein- und ausatme,
bleibt der Stab im Lot.
Ich atme ruhig ein und aus.
Ich schaue innerlich zu, wie ich ein- und ausatme.
Sonst tue ich nichts;
denn sobald ich etwas tue,
in Gedanken oder in Gebärden,
kommt mein Stab ins Schwanken.
Ich tue nichts, als wach da zu sein.
Meine Sinne sind hellwach, ohne überspannt zu sein.
Denn Überspannung bedeutet wieder Unruhe.
Meine Ohren werden wach, mein Horchen, mein Fühlen wird wach,
mein Spüren, mein Atem ist wach, mein Schauen ist wach,
mein Sein ist wach. Mein Sein wird hell.
Ich bin einfach da.
Mein Dasein ist wach.

Da merke ich, wie fest ich auf dem Boden sitze.

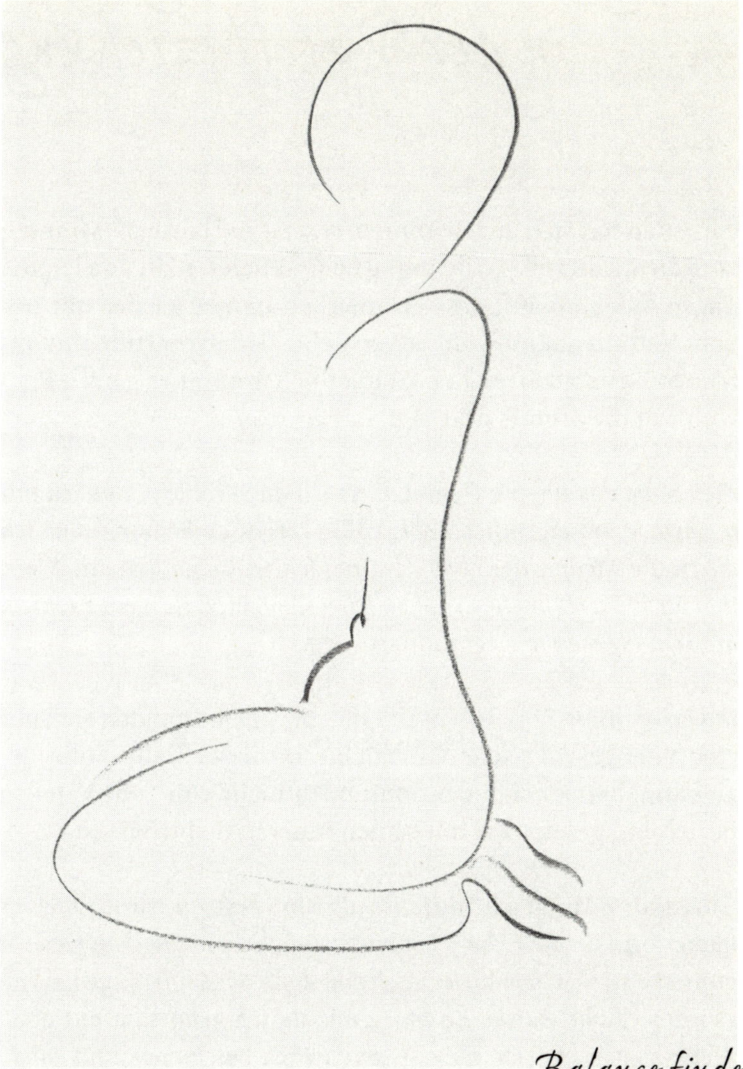

Balance finden

Die Trübung in der Vaterbeziehung

Christian hat sich angewöhnt, morgens zu Hause 25 Minuten lang die meditative Stilleübung zu praktizieren. In den letzten Tagen fällt ihm auf, dass er innerlich immer wieder mit seinem Vater redet, obwohl er versucht, Gedankenstille und offene Präsenz zu erreichen. Schließlich kommt er ganz aufgewühlt in die Stunde und sagt:

»Ich habe das ungute Gefühl, dass ich das Problem, das ich mit meinem Vater eigentlich habe, völlig vergessen könnte, wenn ich durch die Meditation ›leer‹ werde. Ich will aber eigentlich mit ihm noch ein Hühnchen rupfen. Ich will nicht, dass mein Problem mit ihm irgendwie wegmeditiert wird.«

Ich lasse mir erzählen, was ihn beschäftigt. Es handelt sich um eine unabgeschlossene Geschichte in dieser Vater-Sohn-Beziehung, bei der sich der Sohn noch nicht voll zum Vater in Beziehung gesetzt hat mit seinen inneren Bedürfnissen.

Christian: *»Wenn ich zu Hause als Kind bestraft wurde, hieß es immer: ›Ab, in die Ecke.‹ Ich musste mich dann mit dem Gesicht zur Ecke stellen. Ich durfte mich erst dann wieder bewegen, wenn es mir erlaubt wurde. So lange musste ich gehorsam auf diese Weise stehen bleiben. Es war schrecklich beschämend für mich. Ich spürte die Erwachsenen in meinem Rücken, wie sie sich mit sich selbst beschäftigten und mich scheinbar völlig ignorierten. Mein ängstlicher Gehorsam leimte mich am Boden fest. Ich wagte* nicht, mich zu rühren. Einmal war meine Tante zu Besuch, die Schwester meines Vaters. Als sie mitbekam, wie mein Vater mich bestrafte, fragte sie ihn: ›*Macht er das bei mir auch?*‹ *und bekam daraufhin die Erlaubnis von meinem Vater, auch einmal ihre Macht an mir und meinem Gehorsam auszuprobieren. Ich habe eine wahnsinnige Wut auf meinen Vater.*«

Christian hat seinem Vater noch nicht gesagt, wie er diese Erfahrung verarbeitet hat. Er hat noch immer eine gewisse Angst oder Scheu vor der offenen Begegnung. Bisher konnte er ihm gegenüber entweder wütend sein oder mit Rückzug reagieren. Wir versuchen deshalb, hier im geschützten Raum der Beratungsstunde das Gespräch nachzuholen.

Nach der Einladung an Christian, jetzt mit seinem Vater zu sprechen, entstehen in ihm dieselben inneren Hemmungen, als wäre der Vater leiblich anwesend.

Christian wehrt erst einmal ab: »*Ach, er versteht mich ja doch nicht.*«

Ich ermutige Christian, schon die Hemmungen, die er empfindet, in Worte zu fassen.

Christian beginnt: »*Vater ich möchte mit dir reden, aber eigentlich traue ich mich gar nicht. Ich werde innerlich ganz taub.*«

Christian stockt wieder und schaut mich Hilfe suchend an.

Ich unterstütze ihn: »*Ja, benenne ruhig erst einmal, was du in dir wahrnimmst, wenn du versuchst, mit ihm in Beziehung zu treten. Du kannst die inneren Bilder oder Empfindungen, die du zum Beispiel beim Zeichnen ausdrückst, auch in Worte fassen.*«

Christian: »*Wenn ich versuche mit dir zu reden, wird es neblig in mir. Am liebsten möchte ich gar nicht da sein. Am liebsten möchte ich weglaufen.*«

Ich frage Christian: *»Wie nützt dir jetzt der Nebel? Kannst du das ausdrücken?«*

Christian: *»Wenn ich im Nebel verschwinde, brauche ich nicht zu reden. Da habe ich gar keine Worte und keine Empfindungen. Mein Nebel lässt alle Konturen verschwimmen, ich will gar nichts mehr.«*

Ich frage nach: *»Du willst nichts mehr von deinem Vater?«*

Christian: *»Nein. Doch, eigentlich schon.«*

Nach einer stillen Sammlung geht jedoch sein Herz auf und »es« redet wie von selbst.

»Vater, ich möchte dir sagen, dass es für mich sehr demütigend war, wenn ich mich in die Ecke stellen musste. Ich verstehe nicht, dass du gar kein Mitgefühl für mich hattest in dieser beschämenden Situation. Ich kam mir vor wie ein Hund, der dressiert wird, und wo die Tante auch mal ran durfte.«

Bei diesem imaginären Kontakt mit dem Vater versucht Christian, sich auf das Wesen des Vaters auszurichten. Es kommt dabei fühlbar zu einer Nähe zwischen Sohn und Vater. Dies hat zur Folge, dass Christian einen inneren Eindruck davon bekommt, was ihm der Vater jetzt antworten würde. Wenn wir die Kommunikation als Rollenspiel fortsetzen, so schlüpft Christian in die Rolle des Vaters und wir sind gespannt, wie sich der innere Vater jetzt zum Sohn verhält.

Christian spricht in der Rolle seines Vaters: *»Ja, ich weiß heute, ich habe manches falsch gemacht. Ich wusste manchmal nicht, wie ich dich erziehen soll. Ich fühlte mich oft hilflos, wenn du Quatsch gemacht hast.«*

Christian wieder in der Rolle als er selbst: *»Ich habe dich einmal so bewundert. Als du mir erklärtest, warum ein schweres Schiff schwimmen kann und nicht untergeht, dachte ich, warum gibt man dem Mann nicht den Nobelpreis.«*

Christian als Vater: *»Es ist nicht schwer ein unwissendes Kind zu beeindrucken. Dennoch habe ich auch gemerkt, dass du mir irgendwann keinen Respekt mehr entgegengebracht hast. Das hat mich gekränkt. Ich habe mich oft ohnmächtig gefühlt dir gegenüber.«*

Christian als er selbst: *»Ja, irgendwann habe ich gemerkt, dass du auch Mist machst. Das hat mich enttäuscht und auch wütend gemacht.«*

Christian als Vater: *»Siehst du, wie schnell man wütend werden kann, wenn der andere nicht das tut, was man selbst für richtig hält. Ich weiß, ich bin schnell wütend geworden in meiner Ohnmacht. Es tut mir Leid.«*

Nach diesem Rollenspiel sitzen wir eine Zeit lang schweigend.

Christian wird nachdenklich.

Er sagt: *»Eigentlich war es jetzt das Wichtigste, dass ich mal richtig mit ihm gesprochen habe. Bisher waren unsere Gespräche mehr so im ›ping-pong‹-Stil. Die Demütigung von früher ist nicht mehr da. Ich spüre zum ersten Mal, dass er oft nicht wusste, wie er mit mir umgehen soll. Ich habe ziemlich abgeblockt und es ihm auch schwer gemacht. Die Luft ist raus. Wir haben uns gegenseitig etwas angetan.«*

Wenn die Beziehung mit dieser Geschichte wirklich tief genug geklärt ist, wird Christian während der Meditation keine »Selbstgespräche« mehr zu diesem Thema führen. Allerdings können andere »Altlasten« auftauchen, die anzuschauen sich lohnt, wenn sie nicht wieder verschwinden.

合

Beziehungen

Ich schaue innerlich
auf meine Beziehungen,
auf meine Mutter,
meinen Vater,
meine Geschwister.
Auf die Menschen,
mit denen ich 10, 15, 20 Jahre
zusammengelebt habe.

Bin ich mit einer Geschichte
mit ihnen
stecken geblieben,
im Vorwurf,
in der Opferhaltung,
in der Verurteilung,
in der Schuldzuweisung,
in der Abwertung?
Oder auch
in der Überhöhung,
in der Verherrlichung,
in der Glorifizierung?

Wie
und mit welchem Beispiel
habe ich ein Gespräch nicht beendet?
Eines,
in dem ich offen
von mir sprechen könnte?
Eines,
mit dem ich mich wirklich
in Beziehung setze zu ihnen.
Mit Herz und Verstand,
von meinem Herzen,
mit meinem Verstand,
mit meinen Gefühlen
und mit meinen Sinnen.
Ohne Vorwürfe,
nur mich mitteilen.
Ich glaube,
das wäre an der Zeit,
jetzt,
da ich erwachsen bin.

Wie ein Vogel,
Vögelchen noch,
Sucht die Luft,
Die Freiheit.
Breitet die Flügel aus,
Findet schöne Bäume,
Blüten,
Nektar,
Seinesgleichen.

Wetzt die Krallen,
Das Schnäbelchen
Am Widerstand.
Findet gut und schlecht,
Lust und Unlust,
Duft und Gestank.
Sucht
Und findet.
Ach.

Und wundert sich
Über den alten Fisch,
Der noch immer
Das Wasser sucht.

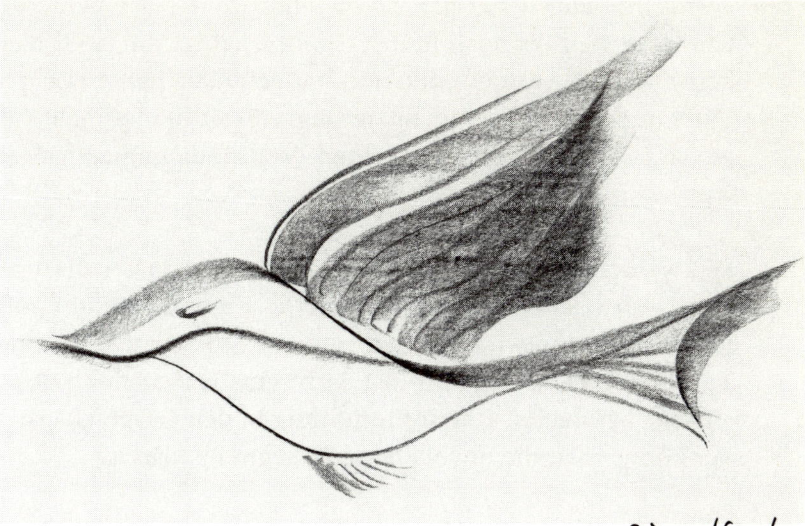

Vogelfisch

Christian hat sich erinnert, dass ihm sein Vater das Etikett »arrogant« angeheftet hat. Es ist schon viele Jahre her, aber Christian weiß es noch immer. Es beschäftigt ihn, weil hier keine wirkliche Kommunikation stattgefunden hat. Zwischen Vater und Sohn gab es ein Spannungsverhältnis, das nicht zugunsten einer möglichen echten Verständigung aufgelöst wurde.

Wir werden versuchen, dies nachzuholen, indem wir aus dem Label »arrogant« eine differenzierte Kommunikation mit Ich-Aussagen entwickeln. Uns leitet das Wissen, dass so eine Zuschreibung, so ein »Du-bist-Satz« eine verborgene Selbstaussage beinhaltet. Durch Einfühlung in den Gesprächspartner können wir die unvollendete Begegnung klären.

Ich sage zu Christian: *»Der Ausruf ›Du bist arrogant!‹ wirkt so auf mich, als würde dein Vater einen Ärger über dich empfinden, den er dir verschlüsselt hinwirft. Wenn du jetzt innerlich ein wenig Ärger erzeugst und dich so in ihn einfühlst, was geschieht dann in dir?«*

Christian: *»Ich weiß nicht, ob ich jetzt* ***seinen*** *Ärger spüre oder* ***meinen****. Aber Ärger war oft zwischen uns.«*

Ich sage zu Christian: *»Gut, du spürst jetzt etwas Ärger. Sprich einmal in dieser Verfassung zu deinem Sohn Christian. Achte darauf, dass du von dir sprichst, mache einfach vor allen Dingen ›Ich-Sätze‹.«*

Christian nun in der Rolle des Vaters: *»Ich hasse es, wenn du mich belehrst. Ich hasse es, dass du auf dem Gymnasium bist, wo* *ich nicht hingehen konnte. Ich hasse es, dass du eine Bildung bekommst, die mich unter Druck setzt.«*

Christian als Christian: *»Ich wünsche mir, dass du stolz auf mich bist. Ich buhle um deine Anerkennung, wenn ich dir etwas sage, was du vielleicht nicht weißt.«*

Christian als sein Vater: *»Ich möchte nicht, dass du mir etwas sagst, was ich nicht weiß. Ich weiß genug für mein Leben. Ich habe Angst, dass du größer wirst als ich. Ich verliere meine Bedeutung. Du sollst gefälligst klein bleiben, unter mir stehen, wie sich das gehört für ein Kind.«*

Christian wirkt besinnlich nach diesem Rollenspiel.

Ich frage ihn: *»Wie fühlt sich das jetzt an zwischen euch nach diesem Gespräch?«*

Christian schaut mich mit klaren Augen an:

»Das war ehrlich. Das ist das Eigentliche dahinter, hinter seinem Vorwurf, ich sei ›arrogant‹. Da kann ich fast lachen, es ist leichter. Ich glaube, die meisten Väter haben Angst, dass die Söhne größer werden, deshalb versuchen sie, sie klein zu halten. Und mein Vater wollte sowieso der Größte sein. War er ja auch unter uns. Er hat seinen Platz vollständig eingenommen. Es ist in Ordnung. Ich kann nachvollziehen, warum ich arrogant auf ihn gewirkt habe. Ich weiß, ich spiele manchmal mein Wissen aus. Das macht mir Spaß und hebt mich ein bisschen heraus. Das habe ich manchmal nötig. Ist das schlimm?«

»Nein, Christian, es ist nicht schlimm. Es ist nur dieselbe Methode, die auch dein Vater benutzt, um sich größer erscheinen zu lassen. Wenn du es erkennst, kannst du ihn vielleicht ernst nehmen, ohne dieses Spiel so furchtbar ernsthaft zu betreiben?«

合

Ich bin recht

Muss ich mich
manchmal beweisen?
Muss ich mich
oft beweisen?
Muss ich mich
immer beweisen?
Was drängt mich
innerlich dazu,
Recht zu haben,
besser zu sein,
größer?
Hier steht ein Mensch,
der Recht hat.
Hier steht ein Mensch,
der recht ist.
Ich bin recht.
Ob mir das
genug sein könnte?

Spirituelle Vertiefung

Ich will jemand werden.
Ich will jemand sein.
Ich will mehr sein.
Ich
Ich
Ich
Das reine Sein
Ist in die Form
Des Ich geschlüpft.

Die Seinswelt
Ist auch dazwischen.
ICH

Vater im Himmel und Vater auf Erden ähneln sich.

Christian hatte einen strengen Vater. Wenn Christian krank wurde oder wenn ihm etwas misslang bei seinen Bemühungen erfolgreich zu sein, fragte er sich immer schnell, weshalb ihn Gott jetzt wieder bestrafe. Christian ist noch nicht auf die Idee gekommen, dass sein Gottesbild auch von seinem Vaterbild geprägt ist.

Christian ist oft böse auf seinen Vater gewesen. Jetzt ist Christian sehr streng mit seinem Vater geworden. Er kann es ihm kaum verzeihen, dass er doch kein Allmächtiger, dass er doch nur ein Mensch ist. Christian hat jedoch schon bemerkt, dass er sich manchmal ähnlich wie sein Vater verhält. Das ist für ihn gar nicht so einfach zu akzeptieren.

Übung

Mensch sein

Christian übt sich zu nehmen
als Mensch,
als dieser eine Mensch,
der er ist
und der
kein anderer sein kann.
Christian übt,

auch zu nehmen,
wie er nicht sein will,
obwohl er es auch ist.
»Ich bin
ein wenig so
wie mein Vater«,
sagt Christian.
Und sagt Ja dazu.
Er kommt nicht umhin
zu erkennen,
dass es wirklich so ist,
ob er will oder nicht.

Christian wundert sich,
es fühlt sich gut an,
sich so zu akzeptieren.
Es hat Kraft.
Es hat Identität.
Es ist wahr.

Christians Gottesbild
verändert sich.
Fast unmerklich
ist es freundlicher geworden.
Oder ist er
freundlicher geworden?
Eigenartig.

合

Vaterunser

Es kann sein,
dass du das Vaterunser betest.
Es kann geschehen,
dass du plötzlich merkst,
diese Zeile
stimmt nicht mehr für mich:
»Und führe uns nicht in Versuchung«
Gott versucht gar nicht.
Gott ist kein Mann im Himmel,
kein strenger Vater,
der
eifersüchtig darauf wacht,
dass du alles richtig machst.
Der Lohn und Strafe verteilt.
Es stimmt nicht mehr.
Stattdessen heißt es jetzt:
»Und führe mich in der Versuchung«,
auch **in der** *Versuchung*
mich und
andere Menschen
zu verurteilen,
zu bewerten
und mit meiner Verachtung
zu bestrafen,
wenn sie mir nicht recht sind.

Tod des Vaters

Karla kommt bedrückt zu mir in die Beratungsstunde. Sie hat ein sehr trauriges Gesicht, und ich warte einfach, bis sie von allein zu reden beginnt.

»Es ist unglaublich. Ich kann es kaum fassen. Ich habe meinen Vater umgebracht, im Traum. Aber nicht nur einmal. Heute Nacht war es das dritte Mal. Ich habe mich im Traum selbst gefragt – wie kann ich nur so einfach weiterleben mit diesem Mord, als sei nichts geschehen. Ich habe ihn umgebracht und heimlich begraben, irgendwie ganz archaisch, ich glaube sogar unter meinem Bett. Also, ich komme da alleine nicht weiter, ich bin ganz verstört.«

Ich lade sie ein, mir von ihrem Vater zu erzählen.

»Als Kind hatte ich immer große Sehnsucht nach meinem Vater, weil er so wenig da war. Aber eigentlich muss ich von meiner Mutter erzählen, wenn ich über meinen Vater sprechen will. Was später so schlimm war für mich ist, dass meine Mutter meinen Vater oft lächerlich gemacht hat. Lächerlich, weil er so gefühlsbetont war. Er hat Gedichte gemacht, er hat gesagt ›der Wald ist meine Kirche‹, er hat riesige Geburtstagssträuße für meine Mutter aus blühenden Wiesenblumen zusammengestellt. Es muss Stunden gedauert haben, bis er so einen Strauß zusammenhatte. Er hat sie geliebt, sie hat ihn dafür quasi lächerlich gemacht. So kam es mir vor. Wer liebt, wird belächelt. Sie war wohl sehr frustriert von ihm. Sie wollte immer, dass er anders ist. Er konnte keinen Nagel in die Wand schlagen. Das Praktische musste alles sie machen. Er war ihr zu romantisch. Sie hat sich wohl sehr allein gelassen gefühlt mit den vielen Problemen.«

Ich frage, was das alles mit ihr zu tun hat.
Sie weiß es noch nicht so recht. Sie erzählt einfach weiter, was ihr zu diesem Thema noch einfällt.

»Ich hatte einen Herzensfreund. Vor Jahren. Er war sehr kreativ, sehr emotional. Er hat Lieder gemacht, auch eines über unsere Liebe. Als er mir dann einmal beim Weißen meiner Studentenbude half, wurde ich ganz giftig. Ich habe ihn urplötzlich verachtet. Dafür verachtet, wie er diese handwerkliche Arbeit machte. Unbeholfen, lustlos, zu langsam, nicht ernsthaft. Ob er dazwischen auch noch gesungen hat, weiß ich nicht mehr. Aber zuzutrauen ist es ihm. Früher habe ich öfter wahrgenommen, dass ich latent Männer verachte, wie ich es von meiner Mutter her kenne. Ich leide darunter.«

Karla verliert sich ein wenig in dieser Erinnerung. Es ist zu vermuten, dass sie das Bedürfnis hat, die sehr bedrückenden Gefühle erneut zu verdrängen. Ich frage, ob es etwas von gestern oder aus den letzten Tagen gibt, das sie emotional stark berührt hat. Ich habe eine Vermutung, will sie jedoch nicht beeinflussen.

Plötzlich schaut sie mich mit großen Augen an, die sich mit Tränen füllen. Sie versucht mit einem intensivierten Atmen die aufsteigenden Gefühle abzufangen. Die Tränen lassen sich jedoch nicht zurückdrängen. Der Druck ist zu stark. Dann kommt die Einsicht.

»Es ist das Thema, dass ich mir meine Gefühle nicht zugestehe. Ich versuche mich abzutöten, indem ich sie abwerte und schlecht und lächerlich mache. Ich töte meinen Vater in mir, diesen Vater, der von der Mutter nicht anerkannt ist. Ich anerkenne meine Gefühlswelt nicht. Diese Gefühle, die eigentlich authentisch sind, die ich aber vergrabe. Sie sind ein Teil von mir, aber ich bekämpfe sie.«

Ja, sie ist angekommen, soweit ich das einschätzen kann. Ob sie die Traumbotschaft vollständig verstanden hat und sie ihre Einstellung real verändern wird, werden wir in der Zukunft sehen. Sie kann aber getrost auf ihr Unbewusstes vertrauen, denn der Traum wird sich wiederholen, sofern sich ihre Einsicht nicht auf ihr Alltagsbewusstsein auswirkt.

合

Auf »Männer« und »Frauen« schauen

*Wie schaue ich
auf
»die Männer«,
wie schaue ich
auf
»die Frauen«.
Sehe ich sie
durch die Brille
meiner Mutter,
sehe ich sie
durch die Brille
meines Vaters.
Sehe ich selbst
schon
mit eigenen Augen
oder
traue ich meinen Augen
noch nicht?
Und wenn auch
ich
bin
wie sie ?
Mit allen
Vorzügen
und Schwächen.
Bin ich bereit,
uns zu nehmen
wie wir sind?*

Das Ich
ist ein Trieb
des Wesens,
ein Trieb
des Seins.

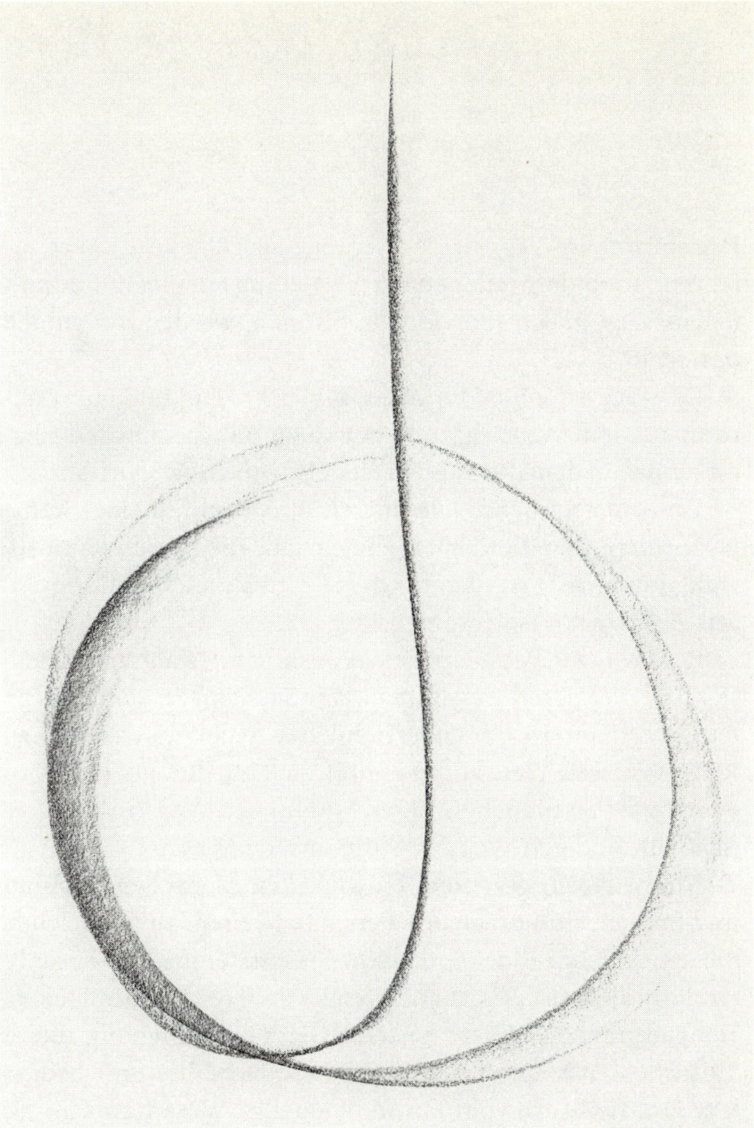

Das Ich wurzelt im Wesen

Ein subjektiver Weg

Der spirituelle Weg wird erst einmal als subjektiver Weg erfahren. Auch die Stationen der Vertiefung auf einem traditionellen Weg haben individuelle Formen, werden individuell durchlebt.

Das Ziel jedoch ist für alle das gleiche. Die Einheitserfahrung mit dem Wesensgrund, der einen transpersonalen Charakter hat, in dem das Subjekt eingelöst und überschritten ist.

Unser persönliches Ich wurzelt im Wesen, in einer transpersonalen, transzendenten Dimension. Die Person kann sowohl durchlässig werden für das Wesen als auch sich abgrenzen gegen diese Tiefendimension.

Bewusst eine Person zu sein, Persönliches wahrzunehmen, sich zu reflektieren, Persönliches mitzuteilen, Persönliches zu repräsentieren, ist ein unverzichtbarer Aspekt des seelischen Reifeprozesses. Viele kostet es Mut, sich um diesen Prozess zu bemühen. Wir brauchen diesen Mut für den Weg, für den großen vollständigen Weg zur Mitte unseres Wesens.

Alle wirklich gereiften, entwickelten Menschen, Männer und Frauen, sind prägnante Persönlichkeiten, zu vergleichen mit einer Schneeflocke, die sowohl eine einmalige Kristallstruktur aufweist, als auch, wie alle anderen Schneeflocken, aus gefrorenem Wasser besteht. Die Verwirklichung dieser Tatsache würde für den Menschen »Selbstrealisation« bedeuten. Das heißt, sowohl ein individuelles Wesen zu sein als auch ein menschliches wie alle anderen Menschen auch.

Wer sich für den spirituellen Weg interessiert, hat häufig schon davon gehört, dass man sein »Ich« überwinden müsse.

Überwinden, oder besser relativieren, können wir jedoch nur etwas, was wir sehr gut kennen. Unser Ich repräsentiert unser gesundes Selbstbewusstsein, die »Kristallstruktur« des Persönlichen, die als Moderator für die Beziehung zwischen Körper, Seele und Geist nach innen und nach außen agieren soll.

Christian hat auch immer wieder gehört und gelesen, dass man sein Ich überwinden müsse. Ihm spuken Vokabeln im Kopf wie das Ich »abtöten« oder das Ich »ausrotten«, auf jeden Fall »bekämpfen«. Auf die Frage hin, wie ihn denn sein Ich stört, wie und woran er es genau erkennt, wird er erst einmal ratlos.

Dann teilt Christian seine Überlegungen dazu mit:

»Mein Ich will immer etwas, es will etwas haben und machen, es vergleicht sich und es will besser sein.«

Dann beschreibt er einige Aspekte seines Lebens, mit denen er unzufrieden ist:

»Ich bin so rastlos, ich bin unzufrieden, mir geht alles nicht schnell genug, ich freue mich zu wenig, ich habe zu viel Zoff mit meiner Familie, sicherlich bin ich an allem schuld. Ich bringe es einfach nicht so, wie es richtig wäre.«

Vom psychologischen Standpunkt aus gesehen, haben wir uns mit unseren Wünschen, Bedürfnissen, Bewertungen, Glaubenssystemen oder Kompensationen aus Kränkungen identifiziert, deren Inhalte vorwiegend unser Bild von uns selbst ausmachen. Obwohl es sich nur um Bilder, um Einstellungen handelt, neigen wir doch zu einer Verabsolutierung ihrer Bedeutungen.

Wir können uns mithilfe einer Übung einmal bewusst anschauen, was wir da innerlich eigentlich »abgespeichert« haben und wonach wir unser Handeln, Fühlen und Denken und unsere Lebensgestaltung mehr oder weniger freiwillig ausrichten. Wir haben seit unserer frühesten Kindheit Erlebnisse gespeichert, aus denen wir schlussfolgernd, oft auf der Basis eines kindlichen Bewusstseins, unser »Lebensdrehbuch« geschrieben haben.

Christian stellt sich in den Übungen den drei Fragen, die ihm helfen sollen, sich die Überzeugungen bewusst anzuschauen, die zwischen ihm und seinen Beziehungen stehen. Er kann die Fragen sowohl im direkten Kontakt mit mir als auch schriftlich beantworten. Sich die Antworten nur im eigenen stillen Denken zu geben, hat keine ausreichende Auswirkung. Dabei geht es um seine Lebensbereiche, die da heißen: »Leiblichkeit«, »Soziale Beziehungen«, »Arbeit, Leistung«, »Materielle Werte, Sicherheit«, »Ideelle Werte«.

Wie glaubst du, dass dich andere sehen?
Wie siehst du dich selbst?
Wie möchtest du gesehen werden?

Spontan sagt er: *»Oh, das ist jetzt aber wirklich persönlich.«* Dann bemerkt er, wie wichtig ihm diese Selbsterkenntnis werden könnte.

Hier einige seiner Einsichten:

»Ich glaube, dass andere denken, ich kann alles.«

»Ich sehe mich selbst so, dass ich versuche, mit allem allein fertig zu werden.«

»Ich möchte gesehen werden als jemand, der auf dem Weg ist und der an sich arbeitet.«

»Mein Vater sieht in mir einen arroganten Menschen.«

»Ich glaube, ich täusche den Alleskönner vor, um nicht meine Schwäche zu zeigen.«

»Ich glaube, ich mache mich anderen Menschen gegenüber etwas wichtig, künstlich wichtig – das ist mir jetzt unangenehm.«

»Wenn ich mich unwissend fühle, fühle ich mich besonders klein, extrem klein und hilfsbedürftig.«

»Ich bin oft neidisch auf andere, die mehr wissen und mehr können und schöner aussehen.«

»Ich bin ein religiöser Mensch, aber ohne Kirche. Ich muss es selbst herausfinden, die Sache mit Gott oder der absoluten Wirklichkeit.«

»Ich möchte wirklich gesehen werden. Ich denke, dass ich eigentlich ein wertvoller Mensch bin.«

Und später der Kommentar:

»Mir war gar nicht bewusst, dass ich so eine Allmachtsvorstellung von mir habe. Ich verstehe jetzt auch den Zusammenhang mit meiner Überarbeitung. Ich bin richtig stolz auf mich, dass ich über meine Schwächen ziemlich souverän sprechen konnte. Es tut mir wirklich gut, dir ins Gesicht hinein zu sagen, dass ich denke ein wertvoller Mensch zu sein, einfach so.«

Christian arbeitet mit diesen Fragen so lange, bis ihm dazu nichts mehr einfällt. In unserem Fall waren es 40 Minuten, während der er sich immer wieder die einzelnen Fragen stellte.

Die Einsichten aus der Übung werden ihn darin unterstützen, bewusster wahrzunehmen, aus welchen inneren Motiven er handelt.

Spirituelle Vertiefung

Du fragst
nach der Ichlosigkeit.

Sich erst einmal
einlassen
ins völlige
bewusste Ich-Sein.

Im Alltag,
während der Arbeit,
in der Rede,
in der Antwort.

Im Alleinsein
und im Schweigen.
Auch
im Schweigen
der Gedanken.
Tagtäglich.
Immer wieder.
Es ist ein Sein.
Ein
DASEIN.

Schattenarbeit

Die psychologische Begleitung unterstützt den »aktiven Reinigungsprozess« auf dem spirituellen Weg.

Dabei ist zu bedenken, dass unsere Übung in Gegenwart eines begleitenden Lehrers oder einer Lehrerin vielleicht einige wenige Tage im Jahr stattfindet. Die längste Zeit im Jahr müssen wir mit uns zurechtkommen und alleine in der Übungshaltung bleiben.

Im traditionellen Zen-Training ist das mitunter barsche Zurückweisen einer »spirituellen Einsicht« eines Schülers Teil der Schulung. Eine Antwort aus dem reinen Verstandeswissen wird nicht akzeptiert, bis der Schüler begriffen hat, dass es um eine ganzheitliche Präsentation des spirituellen Reifegrades geht. Das traditionelle Zen-Training findet jedoch im monastischen Rahmen statt, der Meister ist also immer verfügbar; auch sollte der Adept psychisch kerngesund sein, also beispielsweise ein angemessenes Selbstwertgefühl haben. Wer von uns in der westlichen Welt kann dies so vorbehaltlos von sich sagen?

Der Vorteil eines Menschen, der schon in der meditativen Stilleübung steht, ist, dass er sich meist schon recht gut auf sich innerlich einlassen kann, wenn er eine psychologische Beratung in Anspruch nimmt.

Es kann geschehen, dass wir unter dem Verhalten des spirituellen Lehrers leiden, den wir als »unmenschlich« empfinden. Wir fühlen uns von dem Lehrer oder der Lehrerin abgewiesen und dies verursacht sowohl großen Ärger als auch Selbstwertzweifel oder sogar grundsätzliche Zweifel am inneren Weg. Was schmerzt ist, dass sich die Person, dieses Ich, mit ihrem Anliegen nicht gewürdigt fühlt. Es wird als »Ich- oder Selbstkränkung« empfunden. Da das Ich-Bewusstsein polar aufgebaut ist, wird bei dieser Kränkungsempfindung eine Seite bewusst erlebt, zumeist die Opferseite – »ich wurde gekränkt«. Die andere Seite, die Täterseite, also »wie ich andere kränke«, schwingt zwar mit, ist dem Bewusstsein aber erst einmal nicht zugänglich.

Auch bei diesem Beispiel suchen wir nach einer kreativen Übung zur Selbsterkenntnis.

Wir üben, indem wir das Gefühl akzeptieren und es als Einstieg in die innere seelische Tiefe nutzen.

(Übung siehe Seite 130.)

Manchmal verwandelt sich das erforschte Gefühl schon durch diese Übung und wir erfahren, dass es an sich im Grunde »leer« ist. »Leer« heißt hier zu erfahren, dass ein »Nein« einfach ein »Nein« ist, so wie ein »Ja« einfach ein »Ja« ist, ohne für oder gegen eine Person zu sein. Leer heißt, ein »Nein«, ein »Ja« ohne persönliche Identifikation zu erfahren, ohne diesen Aussagen weitere persönliche Bedeutungen hinzuzufügen. Diese Ebene zu erfahren, setzt jedoch schon eine gewisse Durchlässigkeit der Ich-Struktur zum umfassenden Sein voraus.

Wenn Zurückweisung jedoch Leiden erzeugt, ist der Mensch mit den Bedeutungen, die er dieser Erfahrung gibt, zu sehr verstrickt und identifiziert.

In der psychologischen Arbeit mit diesem Thema tauchen dann meist Erinnerungen auf, die mitgeteilt oder aufgeschrieben werden wollen. Es handelt sich dabei meist um Situationen, in denen wir Zurückweisung als Kränkung oder als Missverständnis erfahren haben. Wenn wir Glück haben, taucht sogar die Urerfahrung dieses Themas auf. Die Urerfahrung ist meist gekoppelt mit Empfindungen von Zuneigung und Liebe.

Ein Beispiel, das mir der Klient Christian erzählt:

»Ich war noch sehr klein. Da hörte ich, dass mein Vater nach Hause kam. Ich war ganz aufgeregt vor Freude und ich riss ein paar Blumen aus dem Vorbeet ab – es waren die ersten Frühlingsblumen. Ich machte einen kleinen Strauß und hielt ihn zur Begrüßung meinem Vater entgegen. Da machte er ein furchtbares Gesicht und haute mir eine runter. Das tat sehr weh und ich war furchtbar gekränkt und verwirrt. Verstört vor allem, war ich doch gerade voller Liebe und Freude gewesen.«

So eine Geschichte, die in den Tiefen der Seele des Klienten verborgen liegt, kann gut in der psychologischen Arbeit ausgeheilt werden. Dieses Ausheilen wirkt sich dann sowohl klärend auf die Beziehung zum leiblichen Vater aus als auch zum spirituellen Lehrer und anderen Autoritäten.

Jedoch ist dies nur die Hälfte der Klärung.

Abgewiesen zu werden haben wir in unserer Herkunftsfamilie in vielen Jahren der Sozialisation erlebt. Dies hat schließlich auch unsere Einstellung anderen gegenüber geprägt. Die Quintessenz ist deshalb: So, wie ich Kränkung, Zurückweisung erlebe, so verteile ich sie auch. So, wie ich gekränkt wurde, so kränke ich nun. So, als würde ich sagen: »Sollen die anderen sich doch auch so fühlen, wie ich mich gefühlt habe, wenn ich mit meiner Liebe abgewiesen wurde.«

Und das ist eine außerordentlich wertvolle Einsicht, denn sie ermöglicht uns die Auflösung der Blockade. Indem ich den »Schattenanteil« dieses Themas in meiner Seele erfasse, erweitere ich mein Bewusstsein. Ich werde vor allem ein tiefes Mitgefühl und tiefe Verbundenheit mit den Menschen erfahren, denen ich mich in dieser früh gelernten, unangemessenen Haltung zugemutet habe. Es kann ein tief empfundener Kontakt zueinander entstehen, der schließlich auch bedeuten kann: Wenn ein anderer gekränkt wird, erleide und ertrage auch ich Kränkung.

Übung

Kränkungen auflösen

Das Gefühl der Kränkung
ein wenig in sich
erzeugen
und
es etwas verstärken.
Dieses Gefühl
bewusst spüren.
Keinen Widerstand machen.
Es innerlich anschauen,
es sich ausbreiten lassen.
Mit dem Atem
dem Gefühl Raum geben
im Leib.
Es bewusst erleben,
erleiden.
Welche Erinnerungen,
welche Gedanken,
welche Empfindungen
tauchen auf.
Kann ich sie
ganz genau ansehen,
ganz genau erfühlen.
Habe ich eine Kommunikation
mit einem Menschen
offen?

Die Kränkung

Muss ich mich
dieser Begegnung
noch einmal zuwenden?

Wie erkenne ich
in meiner Seele
meine Beziehung
zu diesem anderen?

合

Kränkung

Welches Verhalten eines anderen
nervt mich?
Wie möchte ich ihn
am liebsten zurückweisen?
Wie kann ich ihn
am wirksamsten treffen?
Wie habe ich dies
wann
getan?
Wie genau
habe ich dies getan?
Wie habe ich
Kränkung ausgeteilt?
Dieses Beispiel
ganz genau studieren,
in allen Einzelheiten
es mir vor Augen führen.
Sich öffnen
für die Erfahrung
in meiner Seele.

Mutig spüren,
wie es sich anfühlt.
Wie habe ich
durch die Abweisung
eines anderen
eine Beziehung
zwischen uns
hergestellt?
Eine schmerzhafte
Beziehung ?
Wie hat sich
der andere gefühlt?
Wie vertraut
ist mir dieses Gefühl?
Wie sind wir jetzt
miteinander verbunden?

Tränen

In der Übung der inneren Einkehr, in der Übung, den Ozean meiner Seelentiefe zu erforschen, kann es sein, dass ich vom Tränenstrom überspült werde. Mein Ich will das gar nicht, dennoch fließt es aus meinem Sein heraus. Manchmal ist es so, als wollte man sagen: Mein Gott, wie konnte ich dich nur so vergessen, wie konnte ich die Kraft und Herrlichkeit dieses Ozeans vergessen. Auch die bisher geheime Sehnsucht nach diesem großen Leben kann die Tränen hervorbringen.

Manchmal ist auch Furcht da, ich könnte die Seelentiefe wieder verlieren, sobald ich nicht mehr in der Gemeinschaft der Übenden bin. Manchmal haben die Tränen auch keinen Namen, sie wollen, sie müssen einfach fließen. Es ist wie ein Weinen mit allen Weinenden, das jetzt geweint werden muss. Wenn wir es geschehen lassen, ist letztlich das Weinen selbst auch der Trost. Im Buddhismus gibt es einen immerwährend weinenden Buddha, der Buddha des unaufhörlichen Mitgefühls und Mitleidens.

Christian erzählt:

»Ich habe an einem Wochenende an einem Meditationskurs teilgenommen. Obwohl ich mit den 30 Menschen, mit denen ich zusammen war, kein persönliches Wort gesprochen habe, hatte ich ein unglaubliches Gemeinschaftsgefühl mit ihnen. Das hat mich so tief erschüttert, dass ich einfach weinen musste. Eine ganze Sitzung lang liefen einfach die Tränen aus mir heraus. Nicht nur ich hatte Schmerzen durchgestanden. Neben mir saß ein älterer Mann mit einem starken Rundrücken. Ich spürte deutlich, wie sehr er unter seinen Rückenschmerzen litt. Er tat mir so

unendlich Leid. Er hat dann den Kurs auch abgebrochen. Es hat mich irgendwie sehr beeindruckt, dass alle diese Mitmenschen auf dem spirituellen Weg so viel auf sich nehmen, dass diese Übung ihnen so wichtig ist. Ich selbst hatte eine unverhofft wichtige Erfahrung mit Schulterschmerzen gemacht. Meine Schultern taten so weh, dass ich dachte, ich werde gleich ohnmächtig. Plötzlich jedoch, aufgrund der Schmerzen, hatte ich irgendeinen Weg gefunden, anders zu atmen. In mir ging ein großer Raum auf, ein dunkler kraftvoller Raum und die Schmerzen waren weg. Ich atmete, wie ich noch nie im Leben geatmet habe. Ich hätte ewig in diesem Raum bleiben wollen. Es war wunderbar. Ich wünsche jedem Menschen, dass er das einmal erfahren kann.«

Bei dieser Mitteilung erinnerte ich mich an mein erstes Zen-Sesshin bei einem japanischen Zen-Meister. Ich erzählte es Christian.

»Als das Sesshin zu Ende ging, stürzten plötzlich Tränen aus meinen Augen wie Bäche, die nicht aufzuhalten waren. Der Roshi kam zum letzten Sitzen in das Zendo – es war eine eindeutige Abschiedssituation. Es weinte unaufhaltsam aus mir heraus, aber ganz still. So, wie wenn alle nicht geweinten Tränen nun geweint werden mussten. Der mit dem Stab (Kyusaku) herumgehende Mönch bemerkte es (im Rinzai Zen sitzt man mit dem Gesicht zur Mitte des Raumes) und stellte sich einfach still neben mich. Lange blieb er stehen. Da erlebte ich den tiefsten Trost meines Lebens. Grenzenlose Dankbarkeit, auch heute noch. Gerne möchte ich sie weitergeben. Anschließend hatte ich nur den einen Wunsch, dass alle Lebewesen diesen Trost, diesen Frieden, diese stille große Liebe auch einmal erfahren mögen.«

Wenn wir so zu den Seelentiefen in Kontakt kommen, kommt häufig der Wunsch auf, diese Erfahrung mit allen Menschen zu teilen. Welch große Menschenversöhnung wäre das.

Quellende Liebe

Honigstrom
Ewiger Strom
Fließt
Mitten aus meiner Brust.
Aus meiner?
Meiner?

Aushereinhinaus.

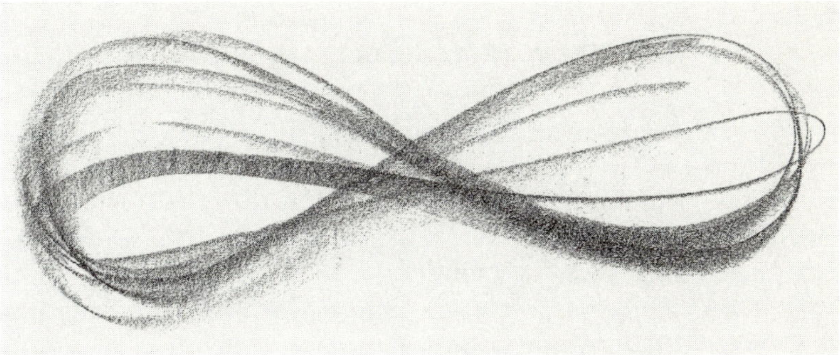

Quellende Liebe

Träumendes Ich – Warnung

Manchmal
sind wir während der Übung
in einen zufriedenen Zustand gekommen,
der einem satten Säugling ähnelt.
Es ist,
als hätten wir unseren Lieblingssong
im Radio gehört,
und schwelgen
nun
in angenehmer Erinnerung.
Oh nein,
wir möchten uns nicht mehr trennen
von diesem Wohlgefühl,
diesem träumerischen Dahinschwimmen
auf der Oberfläche unserer Fantasie.

Jedoch,
Du tagträumst.
Das ist nicht Meditation,
das ist eine Fantasiereise,
die du da gerade machst.

Komm zurück,
wach auf.
Nur wach,
still
und ohne Inhalt.
Darum
geht es.

Du sollst dir
kein Bildnis machen

Wenn wir es nur einmal lassen könnten,
diese Vorstellungen,
diese Erwartungen,
diese Bedingungen.
Wir könnten wahrhaft ankommen
in diesem absoluten Leben,
augenblicklich,
unverzüglich,
jetzt.
Offen
wie die Lilie auf dem Felde.

Idealisierung der spirituellen Lehrer

Ich erlebe es häufig, dass der »spirituelle Lehrling« den Lehrer, die Lehrerin ganz unerhört idealisiert. Das der Seele innewohnende Bedürfnis nach Verehrung wird über einen anderen Menschen gestülpt. Jedoch wirken die Klienten in dieser Haltung eigenartig abgehoben. Sie haben irgendwie ihre Basis verloren. Sie machen aus der Person, die sie auf dem spirituellen Weg begleitet, etwas, was ihrem eigenen Bedürfnis nach etwas Besonderem entspricht, und erzeugen damit für sich selbst ein erhebendes Lebensgefühl.

»Ich stand gestern neben einer Zen-Lehrerin, die die Erleuchtungserfahrung gemacht hat. Oh, das war wunderbar«, hörte ich Christian zu einem Meditationsteilnehmer sagen. Was genau war da wunderbar? Konnte die eigene Fantasie darüber, was »Erleuchtung« ist, einmal so richtig ins Kraut schießen?

Nach meiner Erfahrung hat eine derartige Idealisierung eine Polarisierung zur Folge. Das Einen-Menschen-Aufwerten führt zur Abwertung eines anderen Menschen. Die so entwertete Person wird häufig sehr »persönlich« erlebt, sehr real, wenig ideal. Zum Beispiel neigen wir immer wieder dazu, anzunehmen, dass die eigenen Eltern nicht ideal genug waren, weshalb wir uns auch auf den Weg machen, »bessere« Eltern zu finden. Die Vorstellung wird dann sehr oft auf die spirituellen Wegbegleiter übertragen und beeinträchtigt die eigene Klarsicht. So eine Projektion ist eine Bar-

riere in der Beziehung zu dem Lehrer, zu der Lehrerin und auf dem inneren Weg.
Die eigenen Eltern angenommen zu haben, ist ein wichtiger Aspekt für unsere seelische Gesundheit, eine gute Basis für den spirituellen Weg.

Natürlich haben wir erlebt, dass unsere Eltern unsere Bedürfnisse nicht immer voll verstanden, geschweige denn befriedigt haben. Selbstverständlich haben wir Enttäuschungen erlebt, indem wir uns nicht gehört, gesehen oder zu Unrecht kritisiert fühlten. Führten diese Erfahrungen jedoch zu offener oder latenter Abwertung der Eltern, wirkt sich dies auch negativ auf unsere Selbstbewertung aus.

Ich biete in solchen Situationen mitunter eine besondere Übung an. Sie zielt darauf ab, nachträglich zu erfahren, was wir als Kind am dringendsten brauchten, wie beispielsweise Schutz, Zugehörigkeit, Angenommensein. Bei dieser Übung betrachten wir ohne zu bewerten von unserer Mitte aus die Mutter und den Vater. Wir schauen nicht auf ihr Verhalten, nicht auf die Einstellungen, die wir von ihnen kennen, nicht auf sonstige Äußerlichkeiten.

Wir stellen uns auf eine urtypische Mutter–Kind–Beziehung bzw. auf eine Vater–Kind–Beziehung ein, wenn wir folgende Übung machen.

Übung

Elternliebe

Versetze dich in eine Situation in deiner Kindheit
zurück.
Vielleicht bist du fünf Jahre alt
oder drei Jahre
oder neun Jahre
oder auch elf Jahre.
Du bist einfach nur Kind.

Du hast eine Erfahrung gemacht,
die dich emotional aufgewühlt hat.
Du hast dich erschreckt,
du fühlst einen Schmerz,
du brauchst Hilfe.

Du vergegenwärtigst dir
diese Situation innerlich ganz deutlich.
Du fühlst sie
und du siehst sie.

Du atmest tief durch.

Du bist jetzt dieses Kind
in dieser Situation.

Dann schaust du zur Mutter (oder zum Vater).
Sie ist jetzt nur Mutter (nur Vater),
nichts sonst.
Deine Mutter.
Dein Vater.

Du breitest die Arme aus
und läufst zur Mutter
umfängst ihre Knie,
drückst dich an sie.
Ganz natürlich
drückt sie dich an sich.
So, wie du es jetzt brauchst.
Hier bleibst du,
in diesem Kontakt,
hier nimmst du die Kraft,
die von ihr zu dir fließt.
Du bleibst so lange hier,
wie es fließt,
von ihr zu dir.
Du tankst auf.
Du nimmst,
bis du satt bist.
Dann bist du wieder frei
und gehst,
wohin du jetzt gehen willst.

Liebe mit offenen Armen

Gedanken während der Meditation

Christian nimmt an der wöchentlichen Gruppe teil, in der wir 3 mal 25 Minuten die Stillemeditation praktizieren. Christian hat begonnen, die Übung zu Hause fortzusetzen und täglich 25 Minuten zu meditieren.

Er hat ein wenig Erfahrung gemacht und kommt nun mit dem Problem in die Beratung, dass er sich zu sehr mit seinen Gedanken beschäftigt.

Gedanken sind eine bekannte Barriere, die unsere innere Tiefung behindert. Unsere Gedanken sind der Bereich, mit dem wir innerlich am vertrautesten sind, und so ist es nicht verwunderlich, dass wir auch während der Stilleübung gewohnheitsmäßig zu ihnen zurückkehren, zumal wir offensichtlich sonst nichts zu tun haben. Wir können jedoch unsere Gehirnaktivität durch unsere Atemkraft beeinflussen. Kopf und Bauch leben in direkter gegenseitiger Beeinflussung.

Wir haben instinktiv schon oft über den Bauch den Kopf zur wachen Konzentration gebracht. Stellen wir uns vor, wir lauschen zum Beispiel auf Geräusche aus dem Nebenzimmer, wo das Baby liegt. Unser Bauch stützt sozusagen den Atem, er atmet kaum, dadurch wird unser Kopf ganz wach und frei. Wir sind nur »Ohr«, wir sind nur »Eines«, wir sind ganz präsent und könnten unsere Energien sofort mobilisieren, wenn nötig.

Oder denken wir an einen Wettlauf: Wir stehen an der Linie und warten auf das Kommando zum Start. Wir wissen, wir müssen unsere Kraft sammeln, um spurten zu können. Wir spüren die verhaltene Atemkraft im Unterbauch und sind im Kopf wach und leer von Inhalten.

Eine bewährte Methode, zur Gedankenstille während der Sitzmeditation zu kommen, ist, mit kurzen Atemstößen in den Unterbauch die Bauchdecke so zu aktivieren, als wolle man dort eine Tür aufstoßen. Tun wir das, tritt unsere Gedankenaktivität sofort in den Hintergrund und wir sind wieder wach da und bewusst im Leib.

Wer diese Übung macht, kommt relativ schnell in eine wache Präsenz.

Übung

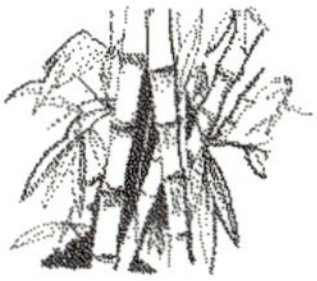

Gedankenstille

Die Hände liegen
eine Handbreit unter dem Nabel.
Die Handflächen sind
offen,
die Finger der rechten Hand
nehmen die Finger der linken Hand auf.
Die Daumenspitzen
berühren sich leicht.
Dort,
wo nun die kleinen Finger
an der Bauchdecke Kontakt haben,

dorthin
richte ich die kurzen Atemstöße,
als wollte ich eine Tür,
die ein wenig klemmt,
kontinuierlich aufdrücken.
Sanft,
die Bewegung ist
fast eingebildet,
von außen kaum sichtbar.
Nicht zu stark,
nicht zu schwach.
Man muss es selbst
herausfinden.
Da ist sie,
die
wache Präsenz.

Der Leib als Medium der Ich-Erkenntnis

Aufgrund enttäuschender Erfahrungen im Leben haben wir uns oft leiblich verhärtet. Der Sinn der Verhärtung ist, unsere Empfindsamkeit zu dämpfen. Wir wissen nämlich häufig nicht wohin mit unseren inneren Resonanzen, wenn wir den Eindruck haben, dass jemand schlecht mit uns umgeht. Da die anderen, die »schlecht« mit uns umgehen, ihre Empfindsamkeit ebenfalls zugedeckt haben, werden wir in eine Art mitmenschliches »Training der Abhärtung« hineingezogen, an dem alle beteiligt sind und von dem alle glauben, dass es zum Überleben notwendig ist.

Das mag im gewissen Umfang funktionieren.

Spätestens, wenn wir einen Leidensdruck erfahren, sei es, dass wir krank werden, sei es, dass unsere Liebesfähigkeit abnimmt oder unsere Fähigkeit Freude im Leben zu erfahren, spätestens dann beginnen wir nach den Ursachen zu suchen.

Erfahrungen mit der Leibtherapie haben gezeigt, dass zum Beispiel Verspannungen im Schultergürtel Ausdruck für unser Misstrauen gegen die Außenwelt mit ihren Anforderungen ist, dass der Krampf um die Mitte des Leibes ein Widerstand gegen emotionales Angerührtsein ist, dass die Verkrampfung im Bauch-Becken-Raum einer Sperre gegen die großen leidenschaftlichen Gefühle vergleichbar ist und die verspannten Füße ein Misstrauen gegen die Mutter Erde, auf der man steht und geht, bedeuten kann.

Übung

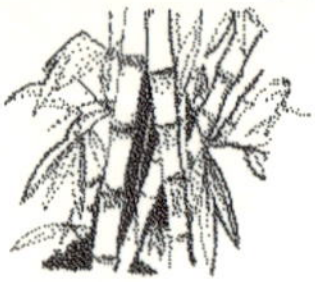

Entspannungen

Wenn ich einmal bewusst
meine Schulter anspanne,
jetzt,
welche Daseinsempfindung
erzeugt das in mir?
Wenn ich meinen Leib
fest mache,
bewusst verhärte,
wie viel Atem ist dann noch da
für mich zum Leben?
Wenn ich meine Füße
bewusst verkrampfe,
wie hölzern und ängstlich
wird mein Gang durch die Welt?

Ich frage mich:
Bin ich noch so beweglich,
alles einmal umzukehren?

Kann ich mich
in meinen Schultern lassen?
Innerlich lassen?
Kann ich entdecken,
dass ich eine Wahl habe,
die Schultern anzuspannen
oder mich in den Schultern zu lassen?
Wenn ich mich
in meinem Leib entspanne,
wenn ich mich durchlässig werden lasse,
wie fühlt sich da mein freier Atem an?
Wie fühle
ich mich an?
Wenn ich
mit den Füßen,
mit den sensiblen Fußsohlen
den Boden spüre:
Wie berührt mich das?
Wie berühre ich?

合

Leibesbotschaften

*Welche Botschaften
sende ich mit meiner Körpersprache aus:
»Ich bin ängstlich, tut mir nichts«.
oder
»Ich vertraue, dass etwas Gutes
auf mich zukommt.«
»Ich bin größer, besser, klüger als ihr,
ich schaue auf euch von oben herunter.«
oder
»Ich bin ich und ich bin wie ihr auch.«
»Ich verberge mich zwischen meinen
gerundeten Schultern,
damit mich niemand findet.«
oder
»Ich trage mich lebendig durch mein Leben.«
»Hat nicht endlich jemand Mitleid mit mir.«
oder
»Ich bin voll Mitgefühl für unser begrenztes
Menschsein.«*

*»Ich verachte euch.«
»Ihr seid selbst dran schuld, wenn ich euch
misstraue.«
oder
»Ich vertraue euch in gleicher Weise,*

wie ihr mir vertrauen könnt.«
oder
…
oder
…
oder
…

Spirituelle Vertiefung

DASEIN
empfangen.
Im Leib
anwesendes Sein.

Leibhaftig Sein.
Sinnenhafte Öffnung
für das wirkliche Leben,
das uns betrifft.
Jetzt.
Es erscheint immer jetzt
in verschiedenen Formen.
Auch in der Form
der eigenen
Leiblichkeit.

Die leibliche Mitte

Unsere Beziehung zum eigenen Körper ist ein wichtiges Bindeglied für unsere Präsenz und unser ganzheitliches Dasein. In dem Bemühen, Unangenehmes nicht zu fühlen, haben wir uns mitunter »entleibt« in dem Sinne, dass wir in unserem Körper nur undifferenziert, vage anwesend sind. Es gibt Menschen, die sich über viele Jahre eine hohe Schmerzunempfindlichkeit angewöhnt haben. Oft läuft dieses »Training« über das Ignorieren seelischer Schmerzen, die ja auch körperlich spürbar sind. Als Resultat dieses Verhaltens machen sich die unterdrückten Schmerzen oft selbstständig und plagen den Menschen überfallartig, der auf einmal zum »Schmerzpatienten« wird. Die versuchte Abtötung der Sinne hat natürlich zur Folge, dass wir auch das Angenehme nicht mehr spüren, das Freudevolle, denn auch dafür brauchen wir die Sinne unseres Leibes. Menschen, die nicht gut in ihrem Leib zu Hause sind, sind häufig sehr schreckhaft, angespannt, immer in Erwartung, dass sie etwas erschrecken könnte.

Das macht sie sehr kopfbetont, sie wirken eckig, unelastisch und unrhythmisch in ihren Bewegungen. Sie erscheinen uns hektisch, kurzatmig, sind leicht erregbar und es fällt uns schwer in einen aufmerksamen Kontakt mit ihnen zu kommen. Eine gute Beziehung zum eigenen Körper ist nicht nur gut für die Gesundheit, sie erleichtert auch den »Weg durch den Körper« zu unserer Mitte. Dass die Bauchatmung, die Zwerchfellatmung gesund ist, gehört zum Allgemeinwissen. Unsere Frage ist, wie wir uns übend so stabilisieren können, dass wir auch über bewusstes »Anwesend-Sein im Leib« unsere körperlich-seelische Mitte im Alltag leben.

Wir können dies einüben, sowohl im Stehen, im Gehen, im Sitzen, sogar im Liegen. Es fördert unser Selbstbewusstsein, unsere aufmerksame Gelassenheit und es ist auch lustvoll, bewusst bei sich zu sein. Es ist eine innere Haltung, die wir durch häufige Wiederholung verinnerlichen können.

Übung

Meine leibliche Mitte

Die Atemkraft
in den Leibraum
unterhalb des Nabels
strömen lassen,
sanft geführt.
Die Hand an den Bauch legen,
unterhalb des Nabels.
Die Hand drückt
den Bauch etwas hinein.
Die drückende Hand mit dem Atem
wieder hinauswerfen.
Das mehrmals wiederholen.
Sich in der Wirbelsäule
ein wenig aufrichten,
strecken.
Die Atemkraft

im Unterbauch
weiterhin spüren.
Die Aufrichtung beibehalten.
Spüren,
dass die Schultern hängen können,
an der Achse der Wirbelsäule,
wenn die Kraft im Unterbauch ist
und die Aufrichtung im Lot.
Beim Laufen
in dieser Haltung
können die Beine aus dem Becken
hängen,
fast spielerisch,
leicht und kraftvoll,
immer ein Standbein,
ein Spielbein.
Es macht Spaß.
Es ist kraftvoll und locker.
Wir können so
allem
und jedem
offen
ins Angesicht schauen.

Erotische Erfahrungen

Karla möchte über erotische Erfahrungen sprechen, die sie in ihren Meditationssitzungen gemacht hat. Sie fragt mich, ob ich davon schon gehört habe oder ob ich Beispiele aus der Literatur kenne, die Erotik auf dem spirituellen Übungsweg thematisiert.

Ich muss zugeben, ich kenne nur das Beispiel vom Zen-Meister »Bobo«, (»Bobo« ist im Japanischen ein Ausdruck für vulgären Geschlechtsverkehr), der nach jahrelanger Übung, in der er die Wesensschau nicht erfahren hatte, frustriert das Kloster verließ, um im Rotlichtmilieu Zuflucht bei einer Hure zu suchen. Dort jedoch erfuhr er tiefe Erleuchtung und wurde später ein großer Zen-Meister. Ich erinnere mich auch, dass jedes Mal, wenn innerhalb eines Zen-Seminars in unserer Gemeinschaft ein Teisho, also eine spirituelle Unterweisung im Zen-Training, über Meister Bobos Erleuchtungserfahrung gehalten wird, das entsprechend seines Rufes auch ein erotisches Thema beinhaltet, die Zuhörer immer äußerst erleichtert, erheitert und gelöst reagieren, so als wollten sie sagen: »Welch ein Glück, dass man in allen Lebenssituationen Erleuchtung erfahren kann, und dass sich die Bedingungen nicht nach unseren sozialen Moralgesetzen richten.«

Ich schätze es als durchaus natürlich ein, wenn wir mitunter in eine erotisierte Verfassung kommen, da ja das stille, unbewegte Sitzen auch energetisierend auf den Leib wirkt.

In einem Kurs hatte ich einmal eine Frau, die die Sitzung plötzlich abbrach. Im Nachgespräch stellte sich heraus, dass sie erotische Gefühle erlebte, die sie glaubte unverzüglich bekämpfen zu müssen. Sie war der Ansicht, dass die Meditation sie über diese angeblich rein körperliche Ebene hinaustragen müsse. Erschwerend für sie war, dass alles, was mit Erotik und Sexualität zu tun hatte, von ihr sehr abgelehnt wurde. Umso stärker wurde sie natürlich von diesem Thema verfolgt.

Eine andere Frau erzählte mir, dass sie während einer Meditations-Sequenz einen erigierten Penis in sich spürte. Sie war auch so sehr irritiert, dass sie glaubte, die Übung aufgeben zu müssen.

Karla erzählt:

»Ich erlebte einmal, dass mein ganzer Körper ›blühte‹, sozusagen erotisch erblühte. Da ich schon ziemlich gesammelt war, konnte ich das durchleben, ohne dass sich weitere Fantasien oder Gedanken daran hefteten.

Im Nachhinein war ich dann aber etwas verunsichert, ob ich irgendetwas gemacht habe und ob ich jetzt immer solche Erfahrungen haben werde.«

Ich entgegnete, dass es immer eine gute Einstellung ist, alles zu nehmen, was auftaucht, jedoch an keinen Themen bewusst hängen zu bleiben, weder an den schwierigen noch an den angenehmen Themen. Darüber hinaus ist es unwahrscheinlich, dass wir überhaupt eine authentische Erfahrung bewusst wiederholen können. Anstatt uns mit Fantasien oder Gedankenketten zu beschäftigen versuchen wir ja in der Meditation immer zurückzukehren zu unserer Übung. Mag es die Übung der Konzentration auf ein Koan sein, auf den Atem, auf ein Wort oder auf das wache Gewahr-Werden der Wirklichkeit. Innere Bilder, Fantasien oder Gedanken sind nicht das Objekt unserer Übung.

Solche speziellen Erfahrungen sind nach meiner Ansicht »Eintagsfliegen«, also von kurzer Dauer auf dem Weg.

Ich kenne einen Mann, der sich allerdings manchmal absichtlich unterhalten hat, sobald es ihm innerlich langweilig wurde. Er beschäftigte sich entweder mit schwieriger Mathematik oder er erzeugte sexuelle Fantasien. In dieser Weise hat er sich aber tatsächlich immer dann abgelenkt, wenn sich eine neue seelische Tiefung ankündigte, auf die einzulassen er eine gewisse Furcht spürte. Begleitende Gespräche können hier wichtig sein, sofern das Thema eingebracht wird. Andernfalls bleibt der Übende alleine vor einer »geheimnisvollen« Tür stehen.

Die spirituelle Übung führt uns zu einer Verfeinerung der Sinne. Da, wo sie grob waren, kann der Eros den Menschen auf ein neues Niveau der Empfindung und der Mitempfindung heben.

合

Erotik

Wie ist meine Beziehung
zu meinem
empfindenden Leib?
Wie bin ich beeinflusst,
von Bewertungen,
von moralischen Vorstellungen?
Kann ich in der Erotik,
in meiner Erotik
auch den Ausdruck
der ursprünglichen,
der göttlichen Lebenskraft sehen,
die mich die Teilnahme
und die Teilhabe
an der großen
geheimnisvollen
Lebensenergie erfahren lässt?

Die Verfeinerung der Sinne

Christian sagt, er fühlt sich heute bei der Meditation wie ein unbeseeltes Stück Fleisch, fest, undurchdringlich, träge. Damit will er sagen, dass ihm sein Spüren, seine sinnliche Wahrnehmung wieder verloren gegangen ist.

Wenn unsere Sinne sensibler sind, nehmen wir differenzierter wahr.

Wir können unsere Sinne, unsere Sinnlichkeit, verfeinern mit der Nasenwurzelatmung.

In dieser Übung geschieht ein gewisses Freiwerden von Gedanken, Sorgen und emotionalen Beschäftigungen. Dadurch geschieht Öffnung. Öffnung für unsere Seele und unser größeres Dasein.

Ich mache mit Christian eine kleine Atemübung. Sie wird ihn erfrischen, sensibilisieren und vielleicht seinem Geist und seiner Liebe wieder Flügel verleihen.

(Übung siehe Seite 159.)

Übung

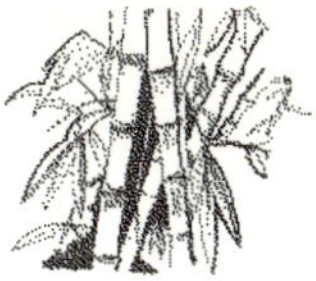

Versinnlichung

Für einen Moment spüren wir aufmerksamen
zur Nasenspitze hin.
Dort fächelt die Atemluft um diesen sensiblen
Nasenbereich.
Atemluft kann mehr sein als Sauerstoff.
Wir konzentrieren uns ganz sanft darauf,
dass wir mit dem Einatem einen Duft,
einen Blumenduft mit aufnehmen.
Wir spüren dem aufmerksam nach
und nehmen wahr,
wie sich unsere gesamte Verfassung verfeinert.
Wir können diese Atemempfindsamkeit noch steigern,
indem wir unsere Aufmerksamkeit auf die Nasenwurzel
lenken.
Auch dort spüren wir den duftigen Einatem.
Manchmal wird es kühl um diesen Bereich.
Da nehmen wir die Essenz in der Luft wahr
(auch Prana oder Chi genannt).
Wenn wir dann die Augen schließen,
führt uns unsere innere Versinnlichung
in einen köstlichen, vielleicht ehrfürchtigen Zustand.
Manchmal steigt dann aus der Stille das Bedürfnis auf,
diesen Zustand mit Worten zu würdigen.

Die Botschaft von Schmerzen

Karla kommt mit dem Wunsch in die Praxis über ihren chronischen Leibschmerz zu sprechen. Sie ist umsichtig und hat den Schmerz vorher medizinisch abklären lassen. Der praktische Arzt konnte keine Ursache finden.

Sie kennt sich schon insoweit ganz gut, als sie weiß, dass sie seelische Schmerzen auch körperlich spürt. Sie weiß aus Erfahrung, dass sie manchmal Magenschmerzen bekommt, wenn sie unter zeitlichen Druck gerät, oder auch, dass sie ein »Kloßgefühl« im Hals entwickelt, wenn sie eine emotionale Reaktion versucht zu »schlucken«, statt sie in Worte zu fassen. Sie hat an sich beobachtet, dass sie auch ein körperliches Krankheitsgefühl hat, wenn sie seelisch gekränkt wurde. Wie gesagt, sie hat schon einige Zusammenhänge aufgedeckt. Jedoch mit diesem Leibschmerz kommt sie alleine nicht weiter.

Wir beginnen wieder mit einer Zeichenübung.

Nach einem bewussten Einspüren in die Innenräume ihres Leibes drückt Karla ihren Schmerz zeichnend auf dem Papier aus. Er sieht wie ein verworrener Knäuel aus. Im Zeichnen verstärkt Karla den Schmerz. Sie spürt mutig, wie der Schmerz stärker wird. Normalerweise versuchen wir natürlich den Schmerz sofort zu lindern. In unserem Fall wollen wir uns jedoch für den Schmerz öffnen und fragen, ob im Schmerz eine persönliche Botschaft von Karla enthalten ist. Was will Karla mit diesem Schmerz von sich sagen.

Wenn sie den gezeichneten »Schmerzknäuel« anschaut, sagt sie: *»Ich habe etwas versteckt. Es muss wichtig sein, sonst hätte ich es nicht so unkenntlich gemacht, so tief verborgen.«*

Während des Zeichnens beginnt sie dann langsam »Fäden« aus dem Knäuel zu ziehen, indem sie Linien herauszieht. Dazu sagt sie: *»Es fühlt sich schon wie eine kleine Erleichterung an.«*

Sie fährt fort, den »Knäuel« in einzelne Fäden zu ordnen. Wann kann sie die Bewegung in Sprache umsetzen?

Zur Unterstützung ihrer Empfindung lege ich schließlich meine Hand sanft auf ihre schmerzende Seite. Auch jetzt geht es darum, dass sie den Schmerz noch deutlicher wahrnimmt und mit ihrer Aufmerksamkeit konzentriert bleibt.

Ich frage sie: *»Was willst du mit dem Schmerz von dir sagen?«*

Karla hat die Augen geschlossen. Sie ist ganz bei sich.

Schließlich sagt sie ganz leise: *»Ich habe mein religiöses Bedürfnis darin versteckt. Ich habe es verborgen, damit niemand meine Sehnsucht, meine Empfindungen bemerkt. Nie, nie will ich jemandem sagen, wie groß meine Sehnsucht ist. Ich habe mich immer zurückgewiesen gefühlt, wenn ich offen war. Oh, Gott, meine Sehnsucht ist unendlich. Ich will nur Gott loben. Ich will singen, nur singen, nichts anderes. Das will ich wirklich. Diese Herrlichkeit, die da ist, will ich besingen, immer nur Gott loben und besingen.«*

Karla drückt ihr Bedürfnis mit ihrer ganzen inneren Leidenschaft aus. Jetzt sagt sie es endlich, jetzt befreit sie ein tiefes Bedürfnis. Als sie schließlich verstummt, wirkt es, als sei sie in einen Glorienschein eingehüllt. Sie kann nicht mehr sprechen. Ich sitze still neben ihr. Lange sitzen wir so.

Später erklärt mir Karla: »*Ich konnte gar nicht mehr sprechen. Ich war innerlich überflutet von einem gelb leuchtenden Licht. Es war mir, als bekäme ich einen neuen Körper. Ich glaube, ich habe einmal wirklich meine vollständige Wahrheit gesagt. Danke, es ist ganz unglaublich, es ist wunderbar. Ich habe vom tiefen Grund meines Herzen gesagt, was ich sagen will.*«

Dann schaut sie mich lächelnd an. »*Ich bin wirklich erstaunt, was da mit mir geschehen ist. Ich bin sehr glücklich jetzt.*«

Nach meiner Erfahrung ist das Bedürfnis nach »Anbetung« nach »Verherrlichung« und nach »Verehrung« Gottes – oder welche Namen wir auch immer haben für den geheimnisvollen Urgrund des Seins – ein tiefes menschliches Anliegen. Die Verehrung oder gar »Anbetung« von Menschen ist dazu nur ein oberflächlicher Abglanz und eigentlich eine Verirrung.

合

Schmerzen

*Wie gehe ich
mit den Schmerzen
meines Leibes um?
Wie gehe ich
mit den Schmerzen
meiner Seele um?
Wie gehe ich
mit den Schmerzen
meines Lebens um?
Bekämpfe ich sie,
weise ich sie von mir,
soll der Arzt mir sagen,
was sie bedeuten,
mache ich andere
dafür verantwortlich?
Und wenn ich mich mir
mit den Bedürfnissen
meiner Seele,
mit den Bedürfnissen
meines Geistes
darin verborgen habe?*

Und mich darin
vergessen habe?
Gehe ich mir
dann
nicht verloren
in meinem Eigentlichen,
wenn ich mich darin verstecke
und nicht entschlüssele?
Wie,
wenn ich mich wieder suche,
wie,
wenn ich mich zuwende,
zu meinem Geheimen,
in meinem Inneren,
zu meinen wirklichen
Bedürfnissen,
die mir so nahe sind,
so nahe
im eigenen Leib?

Spirituelle Vertiefung

Sich mit der Seelennot
Der großen
Der schmerzhaften
Einlassen
Auf den Seelengrund
Lassen
So wie man sich
Auf den Meeresboden lässt
Tief lassen
Einlassen
Sinken lassen
Tiefer
Immer weiter
Bis zum Grund
Vertrauensvoll
Dort gebiert dir Rettung
»Der Herr ist mein Hirte
mir mangelt es an nichts.«

Der Kampf mit sich selbst

Christian kommt mit einem Problem aus seinem Alltag. Es fällt ihm nicht leicht darüber zu sprechen. Schließlich hat er den Mut, über eine Schwäche zu reden:

»Ich sitze in der Stille und konzentriere mich mit meinem Atem. Die Übung ist mir vertraut, ich fühle mich sehr gut damit. Ich denke, das ist mein Weg. Jedoch, nach einiger Zeit, wenn der Alltag mich wieder fest im Griff hat, übe ich einfach nicht mehr. Ich weiß auch nicht warum. Eigentlich will ich, aber ein anderer Teil in mir tut es einfach nicht. Ich bin so richtig trotzig gegen mich selbst.«

Die Übung in der Gruppe, begleitet von einem Lehrer oder einer Lehrerin, ist tatsächlich eine große Unterstützung. Die Gemeinschaft erhöht das Energieniveau für alle. In dem persönlichen Gespräch mit dem Leiter oder der Leiterin erfahren wir persönliche Förderung, Sicherheit und eventuell Korrektur. Zu Hause alleine zu üben, ist für viele erst dann richtig leicht und selbstverständlich, wenn die Seinsqualität, die uns durch die Übung zufließt, spürbar ist. Die Stilleübung wird dann zu einem natürlichen Bedürfnis.

Wer jedoch eine recht strenge Über-Ich-Struktur hat, wer gewohnt ist, mit einem inneren moralischen Antreiber zu leben, der einen mit dem drohenden Zeigefinger – »du müsstest und du solltest« – in die Übung pressen will, wird den entsprechend starken Widerstand aus der eigenen Psyche provozieren, indem die Seele sagt: »Ich werde dir schon zeigen, wer hier der Stärkere ist.« Wenn zu viele Absichten im Spiel sind, werden wir in unserem Inneren einen Kampf der Gegensätze erzeugen.

Kampf dem Über-Ich

Kampf dem Ich
Kampf dem Es
Kampf
Krampf
Hat auch der Kampf
Die Wesensnatur
KRRRRRRRRRRR

Willentliche Übung

Christian will alles richtig machen. Alle Menschen in seiner Umgebung »machen« ständig etwas Wichtiges und betonen damit ihren Wert und ihre Wichtigkeit. Christian »macht« jetzt in Meditation, sagen seine Freunde.

Macht er sich auch ein wenig wichtig und wertvoll damit?

Glaubt er, in einer Ecke seines Bewusstseins, unwichtig und weniger wert zu sein?

Willentliche Meditation

Verstärkt
den Willen.
Willentliche Meditation ist
machen
statt lassen.
Es ist nur Spannung,
nur Konzentration,
jedoch nicht still.
Es ist laut und dicht,
nicht still und durchlässig.
Es ist,
als wollten wir
den heiligen Geist
mit der Zange
festhalten.
Wir haben dann
nur noch die Zange
in der Hand.

Warnung –
Willentliche Übung

Es kann sein,
dass du mit der inneren Übung
etwas willst.
Du strengst dich an,
um etwas zu erreichen.
Du hast gelernt,
dass du dich anstrengen musst
für die gute Note.
Vielleicht
merkst du sogar erst
nach Jahren der Übung,
dass du etwas willst,
indem du in der Einstellung übst:
»Ich übe für die Erleuchtung.«

Die Innerlichkeit,
die Tiefe der Seele
ist umsonst.
Du brauchst nur
etwas weglassen,
zum Beispiel
dein Machen,
dein Wollen.
Dann kann es
zu dir kommen,
aufgehen in dir,
dieser Reichtum,
diese Freiheit,
diese Vollkommenheit
in allem wie es ist.

Mentale Askese

Bevor wir aufgrund der eigenen Übungspraxis Erfahrungen gemacht haben, was der Meditationsweg bedeutet, neigen wir häufig dazu, durch intellektuelle Anstrengung verstehen zu wollen, was auf uns zukommt. Wir lesen Bücher, wir suchen Gleichgesinnte um zu diskutieren, wir erwarten, dass wir das, was wir glauben verstanden zu haben, auch erleben.

Christian hat gelesen, dass das, was wir für die Wirklichkeit halten, nicht *die* Wirklichkeitserfahrung ist, um die es geht. Christian möchte darüber diskutieren. Er möchte wissen, wie die Zen-Disziplin ihn in *die* Wirklichkeit führen könnte.

Ich erzähle ihm die Geschichte meiner lieben Freundin Innana, die als Kulturanthropologin in den Hochanden herumklettert, um die dort lebenden Indianer zu erreichen. Sie sagte mir, dass, wenn sie langsam in die Bergwelt hochsteigt, von zweitausend, dreitausend, über viertausend Höhenmeter, sie »ZEN mache«. Auf meine Frage, was sie da mache, sagt sie:

»Ich laufe auf den von schmalfüßigen Lamas ausgetretenen Pfaden. Überall liegt loses Geröll. Bäume, Sträucher, Wurzeln gibt es nicht, an denen ich mich festhalten könnte, wenn ich ausrutsche. Die Abgründe neben dem Pfad werden kontinuierlich tiefer und objektiv gefährlicher. Ich schleppe einen schweren Rucksack mit meiner Verpflegung, meinem Schlafsack, meiner Notunterkunft, meinem Kochgeschirr, meiner Kleidung. Ich brauche höchste Aufmerksamkeit. Angst, Überspannung, Unsicherheit, Ungeduld kann ich überhaupt nicht gebrauchen. Ich gehe einfach Schritt um Schritt. Da ich einen so unendlich langen Weg vor mir habe, wäre es albern, mich zu beeilen. Stattdessen gehe ich im Rhythmus meines Atems. Das Wichtigste aber ist, meine Gedanken zu kontrollieren. Ich übe mentale Askese. Damit halte ich mich konsequent in der Gegenwart. Ich kann mir keine Fantasien

erlauben, was passiert, wenn ein Gewitter kommt, wenn ich stürze, wenn ich etwas vergessen habe. Ich denke nur das, was ich jetzt tue. Ich gehe – ich denke ›gehen‹, ich atme, ich denke ›atmen‹, ich sehe Geröll auf dem Weg, ich denke ›Geröll auf dem Weg‹, ich spüre Durst, ich denke ›Durst‹, ich spüre kalt, ich denke ›kalt‹. Auf diesem Weg muss ich mit all meinen Sinnen und Kräften präsent sein. Das ist die beste Voraussetzung, unbeschadet ans Ziel zu kommen.«

Ich frage Christian, ob er sich vorstellen kann, welche Wirklichkeitserfahrung meine Freundin in den Bergen hat.

Christian sagt: *»Ich habe mir vorgestellt, auch so aufmerksam zu sein. Für einen Moment fand ich das sehr befreiend und großartig, aber dann denke ich, das ist aber sehr asketisch, sehr nüchtern.«*

Ich mache ihn darauf aufmerksam, dass er, sobald sein reflektierender Gedanke kommt, aus der Wahrnehmung, »befreit sein«, wieder herausgefallen ist.

Christian: *»Deine Freundin versucht also immer, mit dem innerlich zusammenzubleiben, was jetzt für sie ist. Sie erlaubt sich keine Abschweifungen. Aber Abschweifungen machen doch auch Spaß, sie machen so viel meines Lebens aus. Ich sehe natürlich auch, dass sie neue Verwicklungen erzeugen und über die Verwicklungen neue Realitäten, mit denen ich mich wieder verwickele.*

Und daraus ergibt sich eine Wirklichkeit für mich, die nicht die wirkliche Wirklichkeit ist. So ein bisschen ahne ich die Richtung.«

合 *Gedankenbaum*

Mein »Gedankenbaum«
kann meine Wirklichkeit erzeugen.
Ich denke,
wenn ich ausrutsche,
dann rolle ich den Hang hinunter,
wenn ich den Hang hinunterrolle,
kann ich mich nirgends halten,
wenn ich mich nirgends halten kann,
stürze ich in die Tiefe,
wenn ich in die Tiefe stürze,
verletze ich mich, wenn ich mich verletze,
dann schreie ich, wenn ich schreie, wird alles
noch schlimmer, wenn alles noch schlimmer
wird, werde ich panisch, wenn ich panisch
werde, dann ...
habe ich mir die Wirklichkeit erzeugt, auf die
ich jetzt reagiere.

Ich gebe zu bedenken, dass »Askese« bedeuten würde, auf solche »Gedankenbäume« zu verzichten und in dieser Offenheit die Wirklichkeit wahrzunehmen.

Christian meint, dass es bei ihm gar nicht eines so ausgeprägten Gedankenbaums bedarf, um sich eine eigene Wirklichkeit zu konstruieren. Allein eine einzige Vorstellung darüber, jetzt woanders zu sein als hier, würde schon ausreichen, um sich eine virtuelle Umwelt zu erzeugen.

(Spirituelle Vertiefung siehe Seite 176.)

Schuldgefühle

Bis wir in der Stilleübung wirklich still werden, kann viel Übungszeit vergehen. Christian erlebt durchaus Phasen der wachen Sammlung. Er erfährt oft, dass er sich nach der Übung frisch und gelassen fühlt und seinen Alltag gut beginnen kann.

Und er erzählt: *»Es kommt mir vor, als würden nach guten Phasen in der Meditation immer wieder die verborgenen Schatten auftauchen, die ich eigentlich gar nicht haben will.«*

Ich bitte Christian mir genauer zu erzählen, was er meint.

»Ich habe meiner Mutter gegenüber ein schlechtes Gewissen. Sie hat mir einen Pullover gestrickt, einen mit Kapuze. Eigentlich ein schönes Ding, aber so richtig war es doch nicht mein Geschmack. Ich weiß auch nicht, wie es kam. Ich habe ihn vielleicht ein- bis zweimal getragen. Dann habe ich ihn benutzt, um die Balkontür abzudichten. Im Winter zieht es da ziemlich rein und der Pullover hat sich sehr gut geeignet.«

Ich frage, wofür genau er sich schlecht fühlt.

Er wird etwas verlegen.

»Ich weiß auch nicht, wieso ich das gemacht habe. Ich finde es eigentlich ungeheuer mies von mir. Ich weiß nur, dass ich – wenn sie mich besuchen kommen würde –den Pullover als Erstes wegnehmen würde.«

Ich frage noch einmal, wofür genau er sich schlecht fühlt.

»Ich fühle mich in der Zwickmühle ihr gegenüber. Ich weiß, dass sie es gut meint, vielleicht ist es sogar Liebe, wenn sie mir den Pullover strickt. Jedoch traue ich mich nicht, ihr gleich zu sa-

Spirituelle Vertiefung

Kann ich ankommen,
ganz und gar
ankommen
in diesem Moment
der Wirklichkeit?
Welche Qualität
der Wirklichkeit
berührt mich,
wenn ich so präsent bin?
Ich bin da
wie nackt,
so ohne alles.
Ich bin nichts
und doch auch so groß
wie die ganze Wirklichkeit.
Die Wirklichkeit
in ihrer eigenen Unabhängigkeit,
in ihrer unberührten Heiligkeit.
Da ist sie
und niemand ist da,
der sie erfährt.

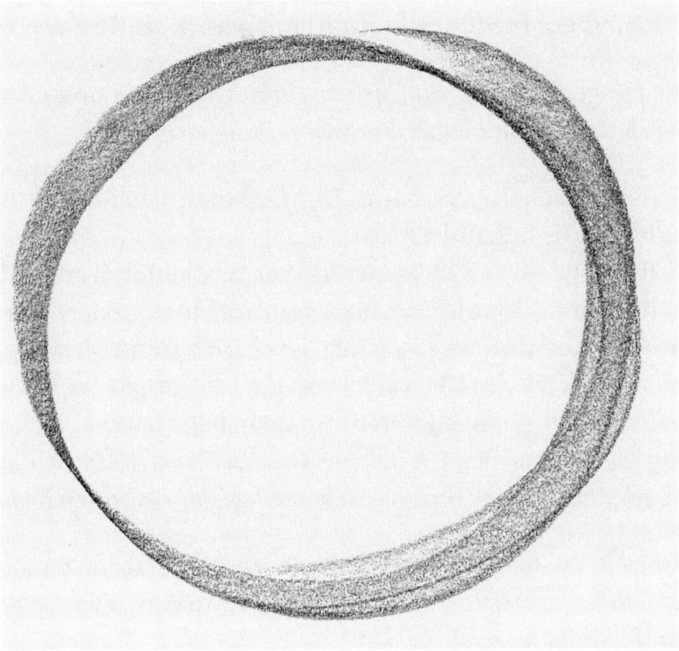

gen, dass ich ihn nicht will, dass ihr Geschmack nicht meiner ist, dass es mich zu sehr erinnert an Zeiten, wo es keine Alternativen gab. Ich würde sie auf jeden Fall verletzen.

Außerdem hat sie mich auch verletzt, indem sie mich immer dominiert hat in allem was ich tragen musste als Kind.«

»Es klingt ein wenig wie: Sie ist selbst dran schuld, wenn ich sie so behandele. Ein kleiner Racheakt«, frage ich nach?

Christian lächelt verschämt. Der Gedanke scheint ihm nicht wirklich unsympathisch zu sein.

Ich frage ob er sich seiner Mutter sehr unterlegen fühlt.

Er meint: *»Ich würde es nie wagen mit ihr zu streiten. Ich versuche, ihr aus dem Weg zu gehen, wenn ich anderer Meinung bin. Oder, wenn ich den Eindruck habe, dass sie falsche Sachen sagt, weil sie nicht genug informiert ist, dann halte ich ihr einen Vortrag, also ich meine, ich belehre sie. Aber so streiten, ich gegen sie, oder mich gegen ihre Wünsche stellen, das mache ich nicht.«*

»Obwohl du dich belehrend über sie erhebst, bleibt dein schlechtes Gewissen bestehen«, erinnere ich Christian. *»Was machen wir damit. Ist es noch da?«*

»Eigentlich schon. Ich müsste irgendwie anders sein ihr gegenüber. Aber das kann ich ihr auf keinen Fall sagen, dass ich den Pullover so ›in den Dreck gezogen‹ habe.«

Nachdem Christian sich die Geschichte ziemlich genau angesehen hat und noch immer die Sackgasse der Mutter gegenüber spürt, schlage ich ihm vor, er solle den Satz sagen: »Ich übernehme die Verantwortung dafür, was ich getan habe.«

Er möge Wort für Wort sehr bewusst wahrnehmen, was er sagt, um die Bedeutung ganz und gar in sich aufzunehmen.

Christian wiederholt den Satz.

Mehrmals.

Dann sagt er: »*Ja, das ist ein Weg aus der Sackgasse. Es tut mir noch immer Leid, es tut mir sogar ein wenig weh, den Pullover so benützt zu haben. Aber es tut auch gut, den Satz zu sagen: ›Ich übernehme die Verantwortung dafür‹. Es macht mich trotz allem stärker. Vielleicht bin ich zukünftig doch etwas mutiger, meiner Mutter eher zu sagen, wenn ich gerade mit ihren Vorschlägen nicht mitgehen kann.*«

Es kann die Seele stärken, sich abzugrenzen, sich zu erklären, sich verständlich zu machen, ohne absichtlich zu verletzen. Mutiger werden und sich Mühe geben Worte zu finden für sich selbst, für die Verständigungsbrücke, die manchmal auch eine Brücke für die Generationen ist.

合

Gewissen

Was macht mein Gewissen mit mir,
was mache ich mit meinem Gewissen?
Macht es mir
Magenschmerzen?
Raubt es mir
den Schlaf?
Werde ich
übereifrig,
schaue ich weg
oder

werde ich
vorwurfsvoll?
Mache ich andere
verantwortlich?
Was genau
ist das Thema,
das ein schlechtes Gefühl
in mir hinterlässt?
Wie genau
ist meine Verstrickung?
Was ist mein
wirklicher Anteil daran?
Was passiert
in mir
und in Bezug
auf die beteiligte Person,
wenn ich sage:
»Für mich,
für mein Tun
übernehme ich
die Verantwortung,
die volle
Verantwortung.«

Der Teufel im Traum

Karla bringt wieder einen Traum mit. Sie sagt, dass sie während ihrer christlichen Erziehung eigentlich »den Teufel« nicht besonders wahrgenommen hätte. Umso erstaunter ist sie, dass er doch eine Figur ihres Unbewussten ist.

Wir hören uns den Traum an. Sie erzählt ihn in der Gegenwart, so als würde sie den Traum jetzt träumen.

»Ich bin in einem Labyrinth, fühle mich darin eigentlich sicher, es scheint mir irgendwie normal zu sein, sich in einem Labyrinth aufzuhalten. Dann sehe ich plötzlich einen Menschen mit grün glühenden Augen – ich weiß, das ist der Teufel. Ich denke – das ist ausweglos. Das Teuflische ist, dass er stur und ohne jede Gefühlsbeteiligung ein Macher ist. Alle zwischenmenschlichen Kontakte ignoriert er völlig.

Ein Macher. Ein purer Macher.

Ich wache auf mit Panik im ganzen Körper.

Ich öffne das Fenster und versuche wieder, mich auf Gott auszurichten.

Am Morgen habe ich den Traum vergessen.

Auf der Autofahrt kommt er wieder in mein Bewusstsein und mich erreicht wieder für einen Moment dieses Panikgefühl. Es erschreckt mich erneut.«

Karla weiß, wie sie ihre Träume entschlüsseln kann, jedoch lässt sich ein Traum im fachkundigen Dialog in seiner Mehrdimensionalität besser erforschen, als wenn wir es alleine versuchen.

Was ist Karla zu dem Traum eingefallen? Zuerst gibt sie mir Hintergrund-Informationen. Sie erzählt:

»Ich bin befördert worden. Die neue Aufgabe hat auch viel mit Verwaltung zu tun, ich muss zukünftig auf internationaler Ebene

Verhandlungen führen und Vorteile für unsere Seite herausholen, was an sich nicht meine Stärke ist. Mein mangelnder Durchblick und meine latente Befürchtung, dass die Sache zu groß ist für mich, wird mir, glaube ich, im Labyrinth gespiegelt.«

Ich frage nach, ob diese Befürchtung die Panik verursacht.

»Nein, ich glaube nicht, denn das Labyrinth ist ja nicht wirklich Furcht erregend für mich. Da ich mich im Labyrinth sicher fühle, müsste ich eher annehmen, dass ich dem Job doch gewachsen bin. Ich denke, dass ich mich schon einarbeiten könnte. Angst habe ich ja vor dem Macher. Der ›Macher‹ hat etwas bedrohlich Teuflisches für mich.«

Was ist das »Teuflische« an dem »Macher« für Karla?

»Unter ›Macher‹ verstehe ich jemanden, der seine Ziele verfolgt, ohne jede Rücksichtnahme oder Einbeziehung von Beziehungen und sozialen Zusammenhängen. Jemand, der Menschen wie Sachen anspricht, der menschliche Argumente, Gefühle, Bedürfnisse nicht einbezieht oder nicht gelten lässt. Der sozusagen knallhart ist. So in der Art ›das Individuum hat keinen Wert, es geht um die Sache, um die großen Ziele‹. Da kriege ich wirklich Angst. Angst bekomme ich auch davor, mich von solchen sachlichen Dimensionen überwältigen zu lassen und mein Mitgefühl völlig auszublenden.«

Woher kennt Karla diese Angst. Hat sie schon Erfahrung damit, auf diese Weise mit Menschen umzugehen?

»Ich erinnere mich, dass ich als Studentin eine Zeit lang politische Argumente vertreten hatte, obwohl es eigentlich nicht wirklich meine waren. Es waren die Ideen anderer, die ich teilweise großartig fand. Ich habe mich sozusagen einer größeren Sache verschrieben und individuelle Einwände grosßspurig wegge-

wischt. Ich befürchte, dass ich wieder in so eine Situation kommen könnte. Ich befürchte, dass ich wieder anfällig werden könnte für so eine beziehungslose, rücksichtslose Einstellung; dass ich wieder etwas vertreten könnte, was nicht auf meinem eigenen ›Mist‹ gewachsen ist und ich mich selbst wieder zu einem Instrument machen lasse, ohne nachzufühlen, was ich da eigentlich tue.«

Das scheint eine sehr große Angst zu sein, wenn dafür im Traum »der Teufel« bemüht wird.

Karla: »*Ja, ich denke da gleich an den Nationalsozialismus oder auch an die Umgangsformen aus dieser Zeit, wo man sich als Individuum mit einer persönlichen Einstellung gar nicht gefahrlos zeigen konnte, wo man nur die große vorgegebene Linie verfolgen durfte und persönliche Abweichungen bekämpft wurden. Diese Verhaltensweisen sind für mich wirklich teuflisch, das ist der Horror, den mir mein Unbewusstes aufzeigen will.«*

Ich frage Karla, was ihr der Traum für ihr zukünftiges Verhalten und für ihre Handlungsstrategien in ihrem neuen Job sagen will. Ein für das Tagesbewusstsein richtig entschlüsselter Traum enthält Hinweise für das persönliche Handeln.

Deshalb frage ich Karla, was ihr der Traum in Bezug auf ihr Tun raten will.

»Ich darf nicht stur in die Fußstapfen meines Vorgängers treten. Das war schon ein sehr cooler Typ. Ich bin ganz anders. Ich darf mich nicht funktionalisieren lassen, dann fühle ich mich entfremdet von mir selbst.«

Vielleicht zeigt sich in Karlas Bewusstseinsarbeit zwischen unbewussten Ängsten und bewussten Strategien auch ein Unterschied zwischen einem weiblichen und einem männlichen Führungsstil.

Auf jeden Fall ist Karla durch ihren Traum darauf aufmerksam geworden, dass sie nicht einfach nur eine Funktion sein kann. Sie muss den neuen Job mit ihrer ganzen Persönlichkeit führen. Ob ihr das gelingt? Wachsamkeit in Bezug auf ihre inneren Werte wird in den realen Situationen sehr gefragt sein.

合

Meine Überzeugungen

Was sind meine
Überzeugungen?
Objektiv
sein zu können?
Glaube ich
an die Möglichkeit
einer reinen Sachlichkeit
ohne meinen
individuellen Einfluss?
Wie verbirgt sich
darin
meine Macht,
mein Machen?
Was
und
welche Beziehung
habe ich auf dem Altar

der Objektivität
bisher schon geopfert?
Oder ist da jemand,
der
oder
die
offen bleiben kann,
dem anderen,
den Beziehungen gegenüber
trotz Sachlichkeit?
Oder
ist da niemand,
der sich verantwortlich fühlt,
denn
wie könnte
hinter einer reinen Funktion
ein empfindender Mensch
stehen?

Ungeduld

Ungeduld auf dem Weg:
Du möchtest dort sein?
Dort wo die anderen schon sind?
Wo sind sie denn,
Wenn nicht hier?

Christian hat Menschen kennen gelernt , die schon seit vielen Jahren meditieren. Er ist voller Fantasien darüber, wie »weit« diese Menschen schon sind. Gleichzeitig wird er mit einer ihm wohl bekannten, alten Ungeduld konfrontiert. Wir wenden uns dem Thema »Ungeduld« deshalb ganz bewusst zu, um ihr einmal auf den Grund zu gehen. Vielleicht klären wir dabei auch noch eine alte Geschichte.

Übung

Die Ungeduld tanzt

Sich hinsetzen und die eigene Un-Geduld erforschen.
Sich die großen Blätter Papier nehmen
– oder an das Flipchart gehen –
und die Zeichenkohle oder Stifte in die Hände nehmen.

Nach innen spüren, sich einen Moment still sammeln.
Etwas Ungeduld in sich erzeugen.
Ha, da ist sie, schon steigt sie auf.
Mit geschlossenen Augen und beiden Händen gleichzeitig dieses innere Gefühl der Ungeduld ausdrücken.
So lange wiederholen, wie die innere Ungeduld wahrnehmbar ist.
Egal, wie chaotisch das Bild später aussehen könnte.
Nur Un-Geduld sein und ausdrücken.
Dann die Augen öffnen.
Was sehe ich?
Was ist mein erster Eindruck?
Dies an den Rand der Zeichnung schreiben.

Dann die Übung wiederholen.
Sich sammeln, nach innen spüren und wieder spüren, was für eine Stimmung jetzt da ist.
Diese Stimmung wieder mit der Zeichenkohle ausdrücken.

Da tanzt sie schon herum,
die Ungeduld,
die nach Taten drängt.

Diesen Vorgang mehrmals wiederholen. Oft kommen drei bis fünf Blätter zusammen. Den ganzen Prozess anschauen, wie er sich in den Zeichnungen darstellt.

In die Luft gemalt

Vielleicht habe ich gerade kein Zeichenpapier bei mir und keine Stifte. Um mein gegenwärtiges Gefühl zu erforschen, zeichne ich die Gebärden in die Luft.

Oh Gott, wenn mich jetzt jemand sieht. Was denkt man da von mir? Denkt er, ich bin verrückt geworden? Mache ich unkontrollierte Bewegungen? Ist das peinlich? Wem ist das peinlich? Denke ich jetzt Gedanken anderer? Sollte ich nicht meine eigenen Gedanken denken? Was sind jetzt meine eigenen Gedanken? »Ja, meine liebe Freundin, die mir jetzt kritisch zusieht. Ich bin ein Künstler, ein Erlebenskünstler. Ich erforsche gerade meine innere Gefühlslandschaft. Es ist außerordentlich interessant. Ich komme mir selber näher.«

In den Geist gemalt

Und wenn ich auch nicht in die Luft malen will oder kann? So muss ich mich noch mehr sammeln. Ich lasse mich innerlich noch mehr auf das Gefühl ein und schaue mir achtsam dabei zu. Ich sehe, wie die Ungeduld in mir tanzt. Ich spüre das hektische Aufbäumen von irgendeinem Wollen. Ich weiß schon gar nicht mehr, wohin das Wollen will. Es ist nur noch Unruhe, auf der Stelle getanzt.

Nicht bei jedem übenden Menschen taucht eine Erinnerung auf. Das ist nicht nötig.

So, wie wir das Gefühl »Ungeduld« erforscht haben, können wir natürlich auch anderen Gefühlen »auf den Grund gehen«. Zum Beispiel: Furcht, Ärger, Trauer, Freude, Liebe.

Wir werden vertraut mit unserem Gefühlsleben. Dabei können wir schließlich erfahren, dass wir unseren Gefühlen nicht ausgeliefert zu sein brauchen, dass wir uns mit aller Aufmerksamkeit darin selbst erkennen und meistern lernen können.

Manchmal sind Fragen an sich selbst hilfreich wie:
»Was will ich eigentlich?«
»Worin möchte ich verstanden werden?«
»Was möchte ich mit diesem Gefühl von mir sagen?«

Eine gute Begegnung

In der meditativen Stilleübung, wenn unsere Seele zur Ruhe kommt, tauchen mitunter auch Erinnerungen auf, die uns in unserem Leben gestärkt, genährt und gefördert haben. Manche Erfahrungen mit guten Begegnungen sind uns Vorbilder oder Modelle für Entwicklungsziele geworden, die mitunter latent einen fördernden Einfluss auf unser Bewusstsein ausgeübt haben. Auch sie können uns beschäftigen und wir haben das Bedürfnis, sie uns bewusst zu machen, zu würdigen, indem wir sie jemandem mitteilen. Dann kann auch wieder etwas von »dem reinen Land der Seele« in uns aufgehen.

Karla erinnert sich an eine gute Begegnung aus ihrer Kindheit, die sie mir mitteilen möchte:

»Ich hatte eine Tante, die Schwester meines Vaters, die einmal in wunderbarer Weise geholfen hat, ein Problem zum Guten zu wenden. Es ging um meinen Geburtstag. Ich wurde zehn Jahre alt. Das war im Großen und Ganzen eine ziemlich gute Zeit für mich. Als es darum ging, wen ich einladen will, schlug meine Mutter immer wieder ein Nachbarmädchen vor, das gar nicht so richtig zu meinen Freundinnen gehörte. Ich hatte bei diesem Mädchen das unangenehme Gefühl, dass sie meiner Mutter irgendwie besonders gut gefiel. Es brachte mich in eine gewisse Konkurrenz zu dem Mädchen, und ich fühlte mich befangen. Von mir aus hätte ich das Mädchen nicht eingeladen. Ich traute mich aber nicht, das meiner Mutter zu sagen. Meine Mutter musste jedoch plötzlich meinen Vater auf eine Geschäftsreise begleiten. Meine Tante übernahm daraufhin die Organisation meines Geburtstags.«

»War das nicht kränkend für dich, dass die Eltern bei deinem Geburtstag nicht dabei waren?«, wollte ich wissen.

Karla: *»Nein, in dem Fall nicht. Meine Tante hat ihren Job einfach fantastisch gemacht. Wir konnten richtig miteinander reden. Und das war das Besondere, das ich sehr genossen habe. Sie hat mich gefragt, wen ich einladen möchte. Sie hat nicht ihre Wünsche durchgesetzt. Sie hat immer wieder mit mir abgestimmt, wie ich es möchte, dann hat sie ihre Ideen ausgesprochen – was möglich ist. Wir haben wie zwei Erwachsene miteinander abgewogen, überlegt, verworfen und entschieden. Bedenke, ich war erst zehn Jahre. Ich fühlte mich richtig ernst genommen. Es wurde ein ganz großer Tag für mich.«*

Ich bekam den Eindruck, dass die Tante Karlas Fähigkeiten in einer guten kindgerechten Weise angesprochen und einbezogen hatte. Sie behielt zwar den Überblick einer Erwachsenen, überließ jedoch Karla die Dominanz. Karlas Gefühl für Verantwortung in der Gestaltung einer Situation wurde gefördert. In ihrer gegenseitigen Offenheit war Respekt füreinander. Diese Erfahrung wirkte nachhaltig in Karlas Seele als Modell dafür, was eine Beziehung gelingen lässt.

Karla sagt: *»Es ist so gut, sich daran zu erinnern. Ich nehme eine Qualität in meiner Seele wahr, die mich zum Wesen meiner Persönlichkeit führt. So sollte es öfters sein zwischen Menschen, so ist es richtig.«*

合

Gute Begegnung

An welche
Gute Begegnung
Erinnere ich mich?
Was hat gestimmt
Zwischen uns
Mit uns?
Was genau
War es
Das zu unserem
Gegenseitigen
Erkennen
Beitrug?
Wie möchte ich
Dass mit mir
Geredet wird?
Wie möchte ich
Mit anderen
Reden?
Was kann ich dafür tun
Dass es öfters geschieht
Diese
Gute Begegnung?

Die Sufis, die Gottsucher

Die Sufis,
Die Gottsucher
Des mystischen Islam
Nennen ihren Gottesdienst
»Erinnerung«.
Er-Innerung
Innerung
Nach Innen
Richtung zurück.
Stilleübung
Meditation
Zazen
Erinnerungsdienst
Innerungsdienst.

Frende

Freude
Lässt den Bauch hüpfen
Flattert mit den Flügeln
Wackelt mit den Beinen.

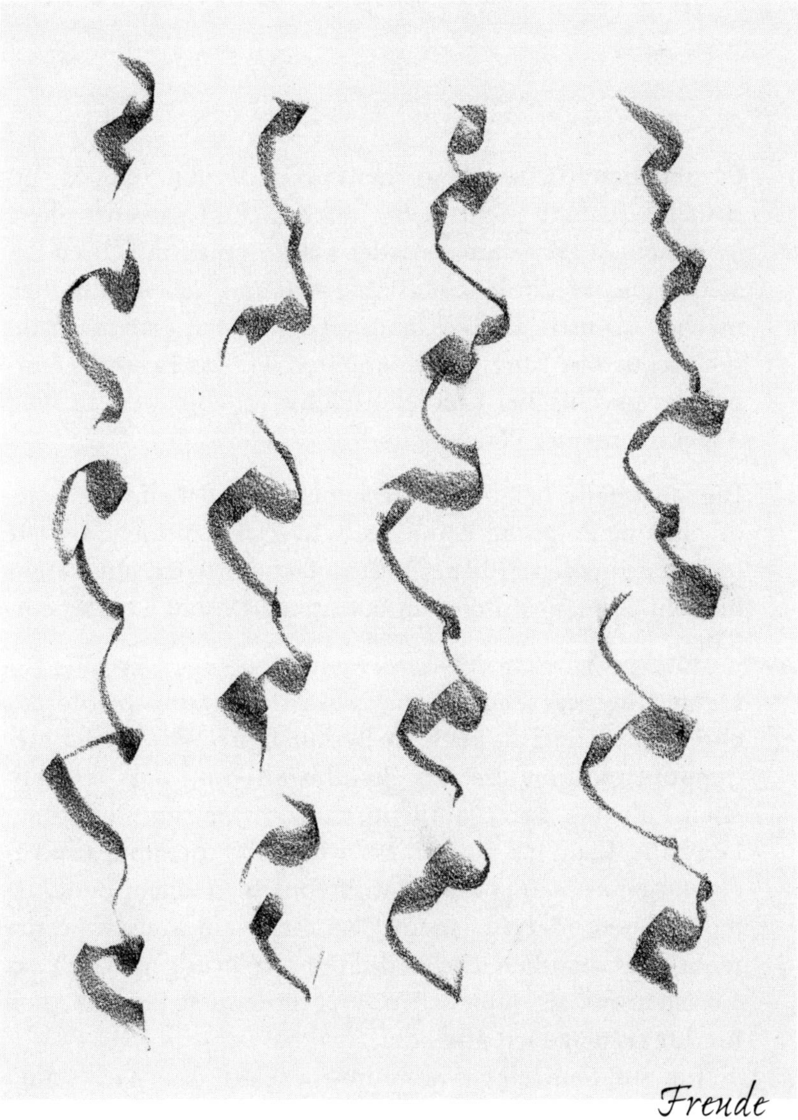

Freude

Nachwort

Es gibt auch Klienten in meiner Praxis, die vom religiös-spirituellen Bereich nichts (oder noch nichts) wissen wollen. Sie möchten erst einmal wieder klarkommen mit ihren Beziehungen, wieder leistungsfähig sein und sich verständlich machen können. Diese Klienten begleite ich ganz nach ihrem Bedürfnis. Kurz gefasst könnten wir das Ergebnis erarbeiteter psychischer Klarheit »Ich bin Ich« nennen, in allen Aspekten meiner Persönlichkeit.

Die spirituelle tiefere Selbsterkenntnis und Reife bietet jedoch keine Polarität, keine seelische Zweiheit mehr an. Die Identität auf dieser Ebene heißt einfach nur: »Ich bin«. Mehr braucht es nicht. In diesem bewussten Dasein ist alles enthalten.

Meine Klienten sehen in meinem Arbeitsraum sowohl das christliche Kreuz als auch die Buddhafigur. Was ich der Meditationstradition des Zen-Buddhismus und der persönlichen Führung durch authentische Zen-Meister zu verdanken habe, kann ich nur mit einer tiefen Verneigung ausdrücken. Keiner meiner Lehrer wollte mich zu einem Buddhisten machen oder zu einem Christen. Kein Meister wollte mich vereinnahmen. Die Meditationserfahrung hat mich das Christentum als mystischen Weg erkennen lassen. Auch hierfür verneige ich mich tief.

Ein Sufi Scheich hat mir einmal erklärt, dass nach seiner Auffassung eine religiöse Offenbarungsschrift sieben Bedeutungsebenen hat. Welche ich erschließen kann, ist von meinem persönlichen seelisch-geistigen Reifegrad abhängig.

Und Reifung kann ein bewusster Entwicklungsprozess sein. Wir müssen nicht auf einer einmal erreichten Stufe stehen bleiben.

Von meinem Praxisraum aus können die Klienten in den Meditationsraum blicken. Wer sich angesprochen fühlt, sagt es. Der Zeichentisch mit einem großen weißen Blatt Papier steht immer bereit.

Auch ohne bewusste Entscheidung für einen spirituellen Weg kann es geschehen, dass die Seele durch die Klärung fixierter Gefühle plötzlich offen wird für das Geistige, für eine weitere Ebene des Bewusstseins. So geschah es einer Klientin, die mit einer Angstproblematik zu mir kam, zu der auch Flugangst gehörte, dass ihr bei einem Flug nach Kanada plötzlich der Taufspruch ihres jüngsten Kindes in den Sinn kam: »Du stellst meine Füße auf weiten Raum.« Ihre Seele erfuhr unmittelbar so viel Trost und Sicherheit, dass sie den Flug frei von Angst durchleben konnte. Das ehemals nur angstvolle Ich war durchlässig geworden für den im wahrsten Sinne heilen Geist. Er hat gewirkt. Das Geistige wurde als reale seelische Kraft erfahren. Aber die geistige Dimension wird nicht nur durch das Wort transportiert, wie wir an den vielen Beispielen aus diesem Buch gesehen haben. Was und wie wir empfangen, ist von uns als Empfangsstation und von unseren persönlichen »Antennen« abhängig. Es kann durch ein Horchen auf eine Vogelstimme geschehen, durch einen Blick auf eine Blume, durch die Wahrnehmung der dichten Stille, durch die Entdeckung der Schönheit im scheinbar Hässlichen oder durch eine unscheinbare Gebärde im sportlichen Geschehen, durch die umfassende Liebe oder einfach durch den erschauten Wind im Gras. »Der Geist weht, wo und wie er will« heißt es, und er weht immer und überall.

Wie weit sind wir gekommen, diesen »wehenden Wind« auf unserer Haut und in unserer Seele zu spüren? Gleichgültig wo wir jetzt stehen, mein Buch ist eine Einladung auf diesem Weg weiterzugehen. Und was könnte das Ziel sein?

Da fällt mir eine Geschichte der Chassidim ein, wie sie Martin Buber überliefert hat. Danach wurde der Rabbi von seinen Schülern gefragt, woran unsere Erlösung zu erkennen sei. Die Antwort war: »Dann, wenn du in den anderen deinen Bruder und deine Schwester erkennst.«

Weiterführende Literatur

Buber, Martin: »Die Erzählungen der Chassidim«, Manesse Verlag, Zürich, 1949

Dürckheim, Karlfried Graf: »HARA Die Erdmitte des Menschen«, Scherz Verlag, Frankfurt a.M., 1972

Fromm, Erich / Suzuki, Daisetz / Martino, Richard de: »Zen-Buddhismus und Psychoanalyse«, Suhrkamp Verlag, Frankfurt a. M., 1971

Jäger, Willigis: »Die Welle ist das Meer«, Herder Verlag, Freiburg, 2003; »In jedem Jetzt ist Ewigkeit«, Kösel Verlag, München, 2003

Ostertag, Silvia: »Lebendige Stille«, Herder Verlag, Freiburg, 2002

Rahm Dorothea u.a.: »Einführung in die Integrative Therapie«, Junfermann, Paderborn, 1993

Suzuki, Shunryu: »Zen-Geist Anfänger-Geist«, Theseus Verlag, Berlin, 1993

Weber, Gunthard: »Zweierlei Glück«, Goldmann Verlag, München, 2002

Wilber, Ken: »Eine kurze Geschichte des Kosmos«, Fischer Verlag, Frankfurt a. M., 1998